Vinícius Augusto Teixeira, CM

Por los senderos del Misterio

Rasgos antropológicos y retos contemporáneos de la espiritualidad

NARCEA, S.A. DE EDICIONES

© NARCEA, S.A. DE EDICIONES
Paseo Imperial 53-55. 28005 Madrid. España
www.narceaediciones.es

ISBN papel: 978-84-277-3180-6
ISBN ePdf: 978-84-277-3181-3
ISBN ePub: 978-84-277-3182-0
Depósito legal: M-14723-2024

Impreso en España. Printed in Spain

A
César Augusto, Márcia Regina y *Paulo Roberto,*
con entrañable amor fraternal
y gratitud sincera por todo lo que son.

ÍNDICE

INTRODUCCIÓN

Sobre todo ante las situaciones más abismales y dramáticas de la existencia, el hombre se sumerge en la profundidad del ser y se plantea cuestiones fundamentales como: ¿Quién soy yo? ¿De dónde vengo? ¿A dónde voy? ¿Qué hago yo en este mundo? ¿Qué puedo esperar de esta vida y más allá de ella? En la búsqueda inquieta de respuestas para estas preguntas, reverbera el *impulso de trascendencia* que habita al ser humano y que constituye su identidad más radical, su núcleo propiamente espiritual, su propensión previa y fundante hacia el infinito. Por esa razón, se puede decir que la *espiritualidad* es una dimensión esencial e inexcusable del hombre, incluso cuando aparece encubierta por la coraza de una conducta cerrada a los ideales más sublimes y aparentemente impermeable a las luces del absoluto.

Sea cual sea su situación, el ser humano es portador de dos hambres: una que es saciable, la de pan, es decir, la que corresponde a sus necesidades elementales, a su conservación y desarrollo; y otra siempre insaciable, el hambre de verdad y bondad, de belleza y amor, en una palabra, de *trascendencia*, de un más allá de sí mismo, de los límites de su condición y de la historia con sus circunstancias.

Como elemento antropológico de primera grandeza, la espiritualidad es la experiencia inalienable que entraña y arropa este anhelo sin medida que tiene todo hombre: la necesidad imperiosa de encontrar el sentido verdadero de su existencia y encaminarse hacia él. La intuición y la búsqueda del sentido nos abren al horizonte ilimitado que ilumina y orienta la trayectoria humana, cualificando las relaciones que constituyen a la persona, aclarando su conciencia, dilatando su libertad, alentando su actuar en el mundo, engendrando la comunión con sus semejantes, despertándola a la solidaridad compasiva con los más necesitados y apremiándola al cuidado de su ambiente vital.

Eso quiere decir que el impulso fundamental de la trascendencia —al mismo tiempo que eleva al ser humano y lo lleva a salir de sí, abriéndole un horizonte de sentido mucho más vasto— también lo devuelve a sí mismo y le compromete de modo decisivo en la construcción de la historia, inyectándole una esperanza de plenitud.

En una sociedad tan profundamente marcada por la desilusión y el cansancio, por la falsa seguridad del individualismo, por desigualdades clamorosas, por fragmentaciones y polarizaciones exacerbadas y por la pérdida de referentes éticos inaplazables, la experiencia espiritual se alza como una llamada irresistible que se eleva desde lo más íntimo del ser humano, impulsándolo a la recomposición de sus fisuras existenciales y, más que eso, a interiorizar el sentido objetivo y trascendente que confiere fecundidad a su vida y la orienta hacia su auténtica realización. Enraizada en la fe, la espiritualidad encuentra su principio (*arché*) y su finalidad (*telos*), desvelando así la fuente capaz de saciar nuestra sed, o sea, el sentido totalizante de la vida: el Dios vivo y verdadero que se revela en el amor y a quien le damos el libre asentimiento de nuestra inteligencia y de nuestro corazón.

En los senderos de la fe, el ser humano se descubre habitado desde siempre por una estructura *a priori* que lo hace ontológicamente receptivo al misterio inefable de Dios, antes incluso de cualquier experiencia propiamente religiosa y de la profesión explícita de la fe. Se trata, pues, de una estructura inscrita en la misma naturaleza humana y que le constituye *capax Dei*. En realidad, una experiencia de pura gracia, una semilla depositada o una chispa encendida en lo más recóndito de cada persona, un don recibido gratuitamente para ser cultivado y potenciado en el fluir cotidiano de la vida.

Los diez apartados o capítulos que componen este breve ensayo no son más que una cosecha de las lecturas del autor o, más bien, una recolección de las síntesis que le parecieron más oportunas para un acercamiento a los *prolegómenos antropológicos de la vida espiritual*, teniendo en cuenta algunos de sus innumerables matices sociológicos, filosóficos y teológicos. Ya presentados en distintos foros y puestos ahora al alcance de quienes se interesen por ellos, esperamos que sirvan al menos de estímulo para ulteriores estudios y profundizaciones. En efecto, como escribió A. de Saint-Exupéry: *"No hay más que un problema, sólo uno: redescubrir que hay una vida del espíritu que es aún más elevada que la vida de la inteligencia, la única que puede satisfacer al ser humano"*[1]. Queremos, pues, caminar en esa perspectiva, con paso firme y mirada limpia.

---

[1] *Carta al General X*, escrita en 1943, pero publicada solo en 1956.

EL PREÁMBULO EXISTENCIAL DE LA ESPIRITUALIDAD

Hace mucho tiempo que la acepción moderna del término *espiritualidad* se ha universalizado[1]. Por la frecuencia con la que aparece en los medios de comunicación y por su proyección en los más diversos contextos sociales, culturales y religiosos, no falta quien diga que la palabra *espiritualidad* está de moda, con independencia de los significados y roles que se le atribuyen. En su horizonte más amplio, designa una realidad interior capaz de conferir valor, dinamismo y consistencia a la vida. En efecto, desde los albores de la cultura griega, se habla de la vida propia del espíritu (*bios pneumatikos*), la que emerge de lo más profundo del ser humano, lo vertebra interiormente y le

---

[1] En el contexto cristiano, el término *spiritualitas* aparece por primera vez a finales del siglo V como correlato de la vida dinamizada por el espíritu de Cristo. Sin embargo, su desarrollo sistemático solo tuvo lugar en la Francia del siglo XVII, siempre relacionado a los conceptos de *mística* (experiencia del misterio que se desvela y atrae) y *ascesis* (esfuerzo humano que coopera con la gracia de Dios) [cf. BERNARD, Charles André. *Teología Espiritual*: hacia la plenitud de la vida en el Espíritu. Salamanca: Sígueme, 2007, pp. 31-33].

comunica vigor y unidad (carácter ontológico)[2]. Como experiencia humana fundante, la espiritualidad tiene que ver con el sentido ulterior de la existencia (carácter teleológico), con la calidad de las relaciones que configuran a la persona (carácter antropológico) y con la orientación decisiva de su actuar en la historia (carácter ético). Hablamos, por lo tanto, de una realidad *totalizante, trasversal* y *performativa*, que abarca y aclara todos los aspectos de la vida.

A nadie se le escapa que la espiritualidad germina y crece en el terreno fértil de aquella dimensión constitutiva del ser humano que potencia su *capacidad de trascenderse a sí mismo y a la realidad que le circunda*, como persona dotada de libertad y como sujeto históricamente situado[3]. Por ello, la vida espiritual lleva implícita la sed de plenitud, la nostalgia de absoluto o la búsqueda del infinito que inquieta sin cesar el corazón del hombre, impulsándole a salir de sí mismo, a no contentarse con lo ya alcanzado y a caminar en la dirección de lo que es mejor[4]. Antes de cualquier vivencia marcadamente religiosa, desde lo más secreto de su alma, el ser humano se descubre como un *peregrino*, siempre en búsqueda de verdad, bondad y belleza, anhelando aquella fuente abundante y cristalina de perennidad y sosiego, cuyo murmullo resuena en la profundidad oceánica de su conciencia.

---

[2] Cf. LOUTH, Andrew. *Vida espiritual.* In: LACOSTE, Jean-Yves (ed.). *Dicionário Crítico de Teologia.* São Paulo: Paulinas | Loyola, 2004, p. 1843.

[3] Cf. MONDIN, Battista. *O homem, quem é ele?* Elementos de Antropologia Filosófica. 11ª ed. São Paulo: Paulus, 2003, pp. 257-258.

[4] Y eso porque el hombre, como ser de deseo, "está siempre y por siempre abierto al infinito, al sentido absoluto, a la felicidad plena" (BOFF, Clodovis. *O livro do sentido.* Volume II: *Qual é, afinal, o sentido da vida?* Parte teórico-construtiva. São Paulo: Paulus, 2019, p. 116).

Se trata, pues, como expresa Teilhard de Chardin (1881-1955), de la *"atracción de eso que se llama el Absoluto"*, la atracción que *"pone en marcha la frágil libertad que nos ha sido dada"*[5].

En el *grado primero* de su *Curso fundamental sobre la fe*, K. Rahner (1904-1984) disertó sobre la dimensión espiritual del ser humano, describiéndola como la apertura radical que le configura esencialmente y le propicia experimentarse a sí mismo como *ser que trasciende*, sin jamás acomodarse a su finitud ni contentarse con lo ya determinado y conquistado:

> *"En cuanto experimenta radicalmente su finitud, el hombre llega más allá de esa finitud, se experimenta como ser que trasciende, como espíritu (...). El hombre se experimenta como la posibilidad infinita, pues vuelve a cuestionar siempre en la teoría y en la praxis cada resultado logrado, se desplaza siempre de nuevo a un horizonte más amplio que se abre ante él sin confines"*[6].

De eso resulta que las tradiciones religiosas –así como las escuelas filosóficas más genuinas– reconocen y valoran la vida espiritual como una realidad primordial e insoslayable. De esa forma, ponen en evidencia su substrato más radical y determinante, o sea, el enraizamiento de la espiritualidad en el misterio insondable que la precede, anima y corona, que la posibilita y sobrepasa, arrojando sus luces en todas las dimensiones de la existencia humana (conocimiento,

---

[5] *Le Milieu divin*: essai de vie intérieure. Paris: Seuil, 1957, p. 44. La obra fue escrita entre noviembre de 1926 y marzo de 1927, viniendo a la luz solo treinta años después, en 1957, dos años tras la muerte del autor.

[6] *Curso fundamental sobre la fe*: introducción al concepto de cristianismo. Barcelona: Herder, 1979, p. 51.

sensibilidad, voluntad, libertad, corporeidad, lenguaje, sociabilidad, cultura, trabajo, etc.). En semejante perspectiva, C. A. Bernard entiende la experiencia espiritual como *"la toma de consciencia de la realidad vital inserta en nuestro espíritu y sostenida por un dinamismo intrínseco que la lleva hasta una actuación cada vez más plena mediante nuestra cooperación libre"*[7].

En efecto, a las religiones en general les incumbe despertar, custodiar y desarrollar esa dimensión intrínseca y apriorística del ser humano, con el fin de estimular su proceso de crecimiento integral, orientándole hacia lo que está llamado a ser, es decir, hacia su plena realización como ser trascendental, libre y responsable. De hecho, la experiencia religiosa no le quita al ser humano nada de lo que tiene de auténtico. Al revés, dignifica, ennoblece y eleva su identidad.

Como asevera P. Tillich (1886-1965), uno de los más notables teólogos protestantes del siglo XX, *"la religión es la dimensión de lo profundo en todas las funciones de la vida espiritual del hombre"*, en virtud de su capacidad de armonizar, ensanchar y trascender todos los demás aspectos y matices de su existencia[8].

Nadie puede negar esa importancia capital de la experiencia espiritual o religiosa en lo que se refiere a la búsqueda del sentido de la vida, al desarrollo integral de la persona y a su mejora continua. Y eso a pesar de las duras críticas de los filósofos modernos, entre los cuales se hallan los llamados *maestros de la sospecha*, los que postulaban *"la supresión del Dios trascendente como la condi-*

---

[7] *Teología Espiritual*, p. 12.
[8] Apud MONDIN. *O homem, quem é ele?*, p. 184.

ción de una verdadera afirmación de lo humano", uniendo en un solo acto la negación de Dios y la liberación del hombre[9]. Dichos maestros consideran que la religión carece de cualquier fundamento objetivo y se presenta como una invención del ser humano amenazado por el miedo (Feuerbach), la prepotencia (Marx), la ignorancia (Comte), el resentimiento (Nietzsche) o el ímpetu de los instintos (Freud). Sin embargo, no han faltado voces autorizadas que se levantaron para defender el valor objetivo de la experiencia religiosa y para afirmar que esta se fundamenta en una relación connatural del hombre con la "realidad última" que le constituye ontológicamente y que, en su inabarcable alteridad, le es infinitamente superior (Croce, James, Bergson, Scheler, Jaspers, etc.).

Hay que reconocer que "el encuentro con lo Sagrado es el acto de autotrascendencia por excelencia; esto ocurre cuando el hombre trasciende su ser actual y toda la esfera de lo real que le circunda"[10]. Eso significa que, por más distintas que sean las experiencias religiosas –las auténticas por supuesto– en la raíz de todas ellas se halla la ya mencionada "atracción de eso que se llama el Absoluto", la tendencia trascendental del espíritu humano, su ineludible vocación espiritual que le hace siempre proclive a lo ilimitado y que le engarza más vigorosa y eficazmente en la existencia. Es decir, hay que reconocer que "el movimiento espiritual encuentra su raíz en la naturaleza humana, se entiende como aspiración a la vida total o como

---

[9] DÍAZ MURUGARREN, José. La religión y los maestros de la sospecha. Salamanca: San Esteban, 1989, p. 194. El mismo autor recuerda que, en similares circunstancias, "la divinización del hombre compensa la pérdida de Dios" (p. 111). Sobre la actuación de los maestros de la sospecha, ver también: BOFF. O livro do sentido II, pp. 126-128.

[10] MONDIN. O homem, quem é ele?, p. 252.

tendencia del espíritu a la totalidad del ser"[11]. Así, una auténtica espiritualidad de ningún modo se confunde con una alienación o con un lujo inútil. Por su propia naturaleza, tiende a animar, enriquecer y robustecer –desde lo más hondo y decisivo– todo lo que tiene que ver con la vida, sus relaciones y sus acciones[12].

En cambio, si la persona reprime el anhelo de trascendencia que emerge desde su más genuina profundidad – erigiéndose a sí misma como principio y fin de su propia existencia, como criterio exclusivo de su propia libertad y artífice solitaria de su historia, viviendo y actuando como si no existiera nada o, más bien, nadie que le pueda sostener, vigorizar y plenificar, más allá de sus posibilidades (grandes, sin duda, pero siempre limitadas en sus alcances)– es entonces cuando el ser humano se vacía, su dinamismo se debilita y su horizonte se estrecha.

Lo recordó Rahner al referirse al hombre como aquel que no puede responder cabalmente a las preguntas que él mismo se plantea sobre lo qué hay de más sustancial en sí mismo y a su alrededor: *"El hombre es la infinitud incuestionada, dada sin problemas, de la realidad; él es la pregunta que se alza vacía, pero real e ineludiblemente, ante él, y que él nunca puede superar, responder adecuadamente".* Y justifica:

> *"El movimiento de la trascendencia no es la potente constitución del espacio infinito del sujeto por el sujeto, como si éste dispusiera del ser de un modo absoluto, sino que consiste en el surgimiento espontáneo del horizonte infinito*

---

[11] BERNARD. *Teología Espiritual*, pp. 38-39.
[12] Cf. DE FIORES, Stefano. Espiritualidad contemporánea. In: AA.VV. *Nuevo Diccionario de Espiritualidad*. Madrid: Paulinas, 1991, pp. 634-638.

del ser (...). Dondequiera que el hombre se experimenta a sí mismo en su trascendencia como el que pregunta, como el inquietado por esa irradiación del ser, como el expuesto a lo inefable, no puede entenderse como sujeto en el sentido de sujeto absoluto, sino solamente en el sentido de recepción del ser y, a la postre, de la gracia" [13].

Por otro lado, como ya se ha señalado, este carácter trascendental *a priori*, que define ontológicamente al hombre y lo hace siempre abierto y proyectado hacia el infinito, se presenta como el fundamento más sólido y el incentivo más poderoso de su libertad y responsabilidad, o sea, de su autonomía como persona o sujeto y de su compromiso como artesano de la historia en la vastedad de sus relaciones y en la pluralidad de sus acciones. Rahner lo afirma expresamente:

"La trascendencia revela el hombre y, al mismo tiempo, lo confía a sí mismo, lo remite y lo entrega –en el conocimiento y en la acción– a sí mismo; y en el hecho de ser confiado a sí mismo de este modo, el hombre se experimenta como responsable y libre" [14].

---

[13] *Curso fundamental sobre la fe,* pp. 51.53.

[14] *Curso fundamental sobre la fe,* p. 54. El mismo autor afirma un poco más adelante: *"Al igual que la subjetividad y el carácter personal, también la responsabilidad y la libertad son una realidad de la experiencia trascendental, es decir, se experimentan allí donde un sujeto se experimenta a sí mismo como tal, y por tanto no allí donde se objetiva en una reflexión científica posterior. Allí donde el sujeto se experimenta a sí mismo como sujeto, por tanto como el existente que posee una unidad originariamente ya no disoluble y como alguien confiado a sí mismo ante el ser en general a través de la trascendencia, allí donde tal sujeto experimenta su propia acción como subjetiva (aunque no sea capaz de reflejarla de la misma manera), allí experimenta en un sentido originario la responsabilidad y la libertad en lo más profundo de su propia existencia. Esta libertad, dada la naturaleza corpórea y mundana del hombre, obviamente se expresa siempre en una pluralidad de acciones concretas, en un espacio plural, en un compromiso plural, en la historia y también en la sociedad"* (p. 58).

Con todo, hay que volver siempre a la aserción de que el ser humano no constituye el origen y el vértice de la trascendencia que lo habita y mueve. Siendo *trascendental*, el hombre no es *trascendente* en sí mismo, por lo que está incesantemente referido a alguien que le es superior y exterior. Otro experto de gran talla filosófica y teológica lo tradujo con palabras similares a las de Rahner: "*El hombre nunca puede colmar materialmente su infinitud formal sobre la base de su finitud constitutiva. Por eso, el hombre jamás puede ser Dios para el hombre*". En otros términos, "*la infinitud intencional del hombre no implica que al transcender humano corresponda una trascendencia real*"[15]. En consecuencia, el caudal de la vida espiritual (o de la vocación trascendental de la persona) no puede ser represado dentro de los márgenes de las virtualidades humanas, impidiéndole de desaguar en el océano sin riberas del misterio que constituye su naciente y desembocadura.

Como es evidente en nuestra propia experiencia y como queda patente en el trascurso de los tiempos, la inquieta nostalgia del Absoluto subyace a la historia hu-

---

[15] KASPER, Walter. *El Dios de Jesucristo*. 6ª ed. Salamanca: Sígueme, 2001, p. 45. En efecto, como comenta el mismo Kasper, el hombre encuentra el cumplimiento de su propia naturaleza en la superación de esta hacia el Trascendente que se revela y le alcanza en el corazón de su existencia libre y en los sucesos de la historia con sus dramas y esperanzas, reconduciéndole a la esencia más profunda de su ser y engendrando "*un amor que se trasciende a sí mismo*". Más adelante, citando a B. Pascal, subraya que las dos características del hombre son precisamente su *grandeza* y su *miseria*. Eso significa que, sostenido por su grandeza, por su vocación trascendental, por su dignidad ontológica, el hombre toma conciencia de su miseria, es decir, de su finitud, fugacidad, insuficiencia y vulnerabilidad. Y, precisamente cuando se da cuenta de esa limitación existencial, descubre que es capaz de elevarse por encima de ella y afirmarse en lo que tiene de más sublime y noble: la apertura al infinito, "*su destino absoluto*" (cf. *Gesù il Cristo*. Brescia: Queriniana, 1975, pp. 267-269. 345-347; ver también: *El Dios de Jesucristo*, pp. 15-17).

mana y emerge en las situaciones más cruciales de la vida, ya sea en sus grandes conquistas e incontenibles contentamientos, sea en sus angustiosas derrotas y pavorosas soledades. Sobre ese impulso de la trascendencia, una y otra vez, torna el pensamiento, recurriendo a instrumentales míticos, conceptuales, éticos y estéticos, etc., con formas más o menos coherentes y adecuadas.

Sin embargo, en todo ello reverbera una intencionalidad común: la búsqueda del sentido y de la plenitud. Las diferentes manifestaciones religiosas, que surgen y resurgen a lo largo de los tiempos, se relacionan entre sí como aproximaciones graduales –a veces complementarias y otras veces contradictorias– a un *a dónde* en el que el ser humano encuentra origen y razón, motivo y destino para su existir en la historia[16].

Una poesía ya incorporada al cancionero religioso-popular expresa con nitidez el alcance de la *sed de eternidad* que late en la interioridad humana y que nortea su peregrinación existencial:

"Hemos de ser sinceros,
que no hay en el mundo entero,
amor que nos llene el alma,
pasión que colme el deseo.

Con sed de eternidad, hemos nacido,
y ha crecido esta sed de eternidad,
que nada puede saciar.

Vivir la inmensidad,
yo sólo aspiro a vivir la inmensidad,
lleno de felicidad.

Somos como viajeros
que corren por los senderos,
y van buscando la calma del corazón".

16 Cf. DÍAZ MURUGARREN. *La religión y los maestros de la sospecha*, p. 199.

Un movimiento que tiene una meta

Claro está, y lo sabemos por experiencia, que el ser humano busca siempre superarse y elevarse. Esa impronta se desvela en todas sus facultades: en el sentimiento, en la imaginación, en la inteligencia, en la voluntad, en la acción... La existencia humana está impregnada y aureolada de trascendencia, de un deseo irrefrenable de ser más y mejor, de una constante apertura al otro y a lo nuevo. En el espectro religioso, ese movimiento de autotrascendencia no se circunscribe a la interioridad, no se esfuma en el mundo de las ideas, no se agota en la inestabilidad de los afectos, no se limita al mero altruismo, no se restringe a una normativa moral, no se pierde en la vastedad del universo, ni mucho menos culmina en un vacío ilusorio.

Se trata, más bien, de un *adelante* o de un *arriba* hacia el cual el hombre se ve y se siente permanentemente proyectado, de un misterio mayor, de una presencia secreta que brilla y rebrilla en su corazón y en la realidad que le rodea[1]. En efecto, el hecho de que el punto de partida o el motor de la experiencia espiritual se puede encontrar en la estructura misma del ser humano no nos permite arrinconarla en la *psiqué*, ni en la ética o en el compromiso histórico, es decir, en la pura inmanencia despojada de un fundamento sobrenatural pre-existente, externo, distinto y superior.

DIOS COMO HORIZONTE DE SENTIDO

No hay duda de que la estructura trascendental de la naturaleza humana cumple una función de primera grandeza. Esta, sin embargo, no es más que una predisposición para acoger a lo que le viene como plena correspondencia a sus anhelos[2]. En base a eso, no podemos por menos que afirmar que la trascendencia –y por consiguiente la espiritualidad– tiene una meta, una meta que, en realidad, coincide con su fuente originaria. Y esta es también su condición de posibilidad: el misterio que la suscita, que la inspira y que la atrae hacía sí, el *tremendum et fascinans*, misterio que le comunica vitalidad y finalidad.

---

[1] Cf. BOFF. *O livro do sentido II*, pp. 125-127.

[2] Como avala C. A. Bernard, *"la función de la vía de la inmanencia es doble. Por una parte, permite hablar de una preparación, de una disponibilidad, de una estructura de acogida del mundo espiritual (...). Por otra parte, puede hablarse de una asimilación profunda de la vida sobrenatural, que no es algo extraño a la naturaleza humana, sino que penetra en el dinamismo vital de la misma".* Más adelante, destacará el mismo autor: *"Puesto que, por un lado, el hombre constituye el objeto material de la teología espiritual y, por otro, 'la gracia supone la naturaleza y la lleva a la perfección', todo lo que se refiere a un conocimiento más profundo de la naturaleza humana y de su dinamismo vital será una ayuda para la teología espiritual"* (*Teología Espiritual*, pp. 38.119).

De hecho, *"la trascendencia sólo aparece como ella misma en el abrirse a aquello hacia lo que se orienta el movimiento del trascender"*[3]. Aunque se revele en el mundo y se autocomunique al hombre, el Absoluto nunca se encastilla en los perímetros de la historia, no se diluye en las realidades mundanas, ni se agota en las experiencias humanas. Y esa es la razón por la cual no pierde jamás su frescura y su jovialidad, su capacidad de atraernos, sorprendernos y encantarnos siempre de nuevo. En palabras de Rahner, el misterio trascendente *"es distinto de todo lo demás, porque, como fundamento absoluto de todos los existentes determinados, no puede ser la suma sucesiva de estos muchos particulares"*[4].

Tengamos, pues, en cuenta que la autotrascendencia, como nivel más elevado de humanidad, posee dos dimensiones que se relacionan entre sí: la *horizontal* o *histórica* y la *vertical* o *metafísica*.

a) La primera consiste en la *superación de sí mismo*, o sea, en la orientación del ser humano hacia las cosas mayores y más profundas en el pensar, en el querer, en el actuar, con miras a su perfeccionamiento o felicidad (*dimensión subjetiva*) o a la mejora de la sociedad (*dimensión social*). Se trata, pues, de aquella fascinación que ejerce sobre el ser humano todo lo que es verdadero, justo, bueno, bello, digno, despertando lo que hay de más noble, gratificante y comprometedor en nosotros.

b) La segunda dimensión consiste en *elevarse sobre sí mismo*, mirando hacia arriba, hacia lo Alto (con

---

[3] RAHNER. *Curso fundamental sobre la fe*, p. 81.
[4] RAHNER. *Curso fundamental sobre la fe*, p. 95.

mayúscula), lo que significa decir que el ser humano sale incesantemente de sí y supera los confines de la propia existencia telúrica, dinamizado por un impulso sobrenatural, cautivado por una realidad suprema que le sobrepasa e inunda de modo inigualable, realidad que reúne en sí la verdad, la bondad y la belleza *summo modo*.

De hecho, la autotrascendencia exige un sentido que ni el yo ni la sociedad pueden ofrecer, por lo que hay que reconocer que el horizonte último de la autotrascendencia está fuera del ser humano y se le manifiesta como el totalmente Otro, el misterio inefable, el único capaz de conducir al hombre a la perene realización de sí mismo, abriéndole senderos de libertad y esperanza. Se trata, pues, de aquél a quien la conciencia religiosa denomina *Dios*. *"Podemos llamar inmediatamente 'Dios' a este horizonte y a este origen que sostienen la trascendencia"*[5]. Como observa Santo Tomás de Aquino (1225-1274), *"Dios es el bien increado: solo él puede satisfacer perfectamente la voluntad del hombre"*[6]. Efectivamente, ninguna realidad inmanente (humana, histórica o cósmica) puede responder al deseo metafísico de un sentido trascendente.

La meta última del deseo solo puede ser el meta-sentido o mejor el supra-sentido. Y solo un ser trascendente real, actual y pleno puede satisfacer real, actual y plenamente la sed natural de sentido. De eso resulta que hay que admitir a Dios para descubrir el sentido

---

[5] RAHNER. *Curso fundamental sobre la fe*, p. 92. *"La palabra 'Dios' es una palabra que descubre espacios de libertad y futuro"* (KASPER. *El Dios de Jesucristo*, p. 118).

[6] *Summa Theologica* I-II, q. 111, a. 1, c.

cabal de la vida y vivir bajo el influjo de esa experiencia previa del sentido que se deja entrever en los senderos de las búsquedas humanas suscitadas por el misterio que las alienta. Después de todo, *"si el infinito no existiera, el hombre no tendría un 'hacia donde' y estaría así condenado al absurdo"*[7]. El itinerario de la existencia no sería más que un caminar sin rumbo ni finalidad.

> *"El hombre, abierto a la totalidad del mundo, sólo alcanza su plenitud si da con una respuesta al sentido de su ser y al sentido de la realidad en general. Según la tradición religiosa, la realidad nombrada con la palabra 'Dios' es esta respuesta. Por eso, según esta tradición, Dios no es una realidad más, sino la realidad que todo lo abarca, todo lo fundamenta y todo lo determina: lo incondicionado en lo condicionado, la unidad y la totalidad del hombre"*[8].

De esa forma, no es la mente o la sensibilidad humana lo que constituye la meta de la trascendencia. Es el Trascendente que se le manifiesta como origen y destino, que se presenta en la más perfecta gratuidad, que se ofrece como fundamento y horizonte.

Y el impulso que conduce a ese fin es aquel testimonio silencioso que resuena en el corazón humano, que late y refulge en todos los aspectos de trascendencia que irrumpen en su existencia históricamente situada y que la desbordan por todos los lados, a veces de modo inconsciente. Por eso precisamente, el impulso de trascendencia encuentra su morada en el componente inmaterial del ser humano que llama-

---

[7] BOFF. *O livro do sentido II*, p. 188.
[8] KASPER. *El Dios de Jesucristo*, p. 16.

mos *espíritu*, desde el cual se pone en movimiento aquella búsqueda inquieta que orienta su mirada hacia Lo que o hacia Quien es sumamente verdadero, justo, bueno, bello y digno, para lo definitivo, para el Eterno, para el Trascendente por antonomasia[9]. He ahí el segundo grado del itinerario que propone K. Rahner:

> *"Si el hombre es realmente sujeto –el ser*
> *de la trascendencia, de la responsabilidad*
> *y la libertad, el cual, como sujeto confiado*
> *a sí mismo, está también sustraído a sí mismo*
> *e inmerso en lo indisponible– con ello queda*
> *dicho en el fondo que el hombre es el ser referido*
> *a Dios, y es precisamente el misterio divino*
> *el que sin cesar otorga al hombre en palabras*
> *su referencia al misterio absoluto como*
> *fundamento y contenido de su ser"*[10].

No fue, pues, sin motivo que el Concilio Vaticano II (1962-1965), en su intento de dialogar con la sociedad contemporánea, quiso dejar constancia de la meta cabal e imprescindible de la pulsión de trascendencia que anida en el corazón humano y que encamina los pasos de su peregrinación por las veredas de la historia, apuntando en la dirección de Dios:

> *"La razón más alta de la dignidad humana*
> *consiste en la vocación del hombre a la unión*
> *con Dios. Desde su mismo nacimiento, el hombre*
> *es invitado al diálogo con Dios. Existe pura y*

---

[9] Cf. MONDIN. *O homem, quem é ele?*, pp. 263-273.

[10] *Curso fundamental sobre la fe*, p. 65. El mismo autor seguirá afirmando que *"el conocimiento de Dios es un conocimiento trascendental, porque la orientación originaria del hombre hacia el misterio absoluto, que constituye la experiencia fundamental de Dios, es un existencial permanente del hombre como sujeto espiritual"* (p. 76).

simplemente por el amor de Dios, que lo creó,
y por el amor de Dios, que lo conserva. Y sólo se
puede decir que vive en la plenitud de la verdad
cuando reconoce libremente ese amor y se confía
por entero a su Creador"[11].

LA EXPERIENCIA TRASCENDENTAL DE DIOS EN LA VIDA

La más clásica teología no duda en reconocer que a Dios se le puede experimentar cada vez que descendemos a las profundidades de la vida (*mediación antropológica*), allí donde esta se descubre inexorablemente alcanzada y predispuesta a acoger el misterio que se desvela y se regala a sí mismo como manantial de amor, prenda de libertad, plenitud de paz y promesa de eternidad. Se trata, pues, de aquel *"conocimiento trascendental de Dios, concreto e históricamente estructurado, que inevitablemente tiene lugar en lo más profundo de la existencia, incluso en la vida humana más cotidiana"*[12].

Asimismo, esa experiencia ensancha de tal manera el corazón del hombre, le seduce tan irresistiblemente, clarifica con tamaño esplendor a su entendimiento, hasta el punto de otorgarle la dicha de captar y contemplar los destellos del misterio en el mundo nacido de la sabiduría del Creador y sostenido por su entrañable providencia (*mediación cosmológica*), al igual que nos permite intuir y secundar las llamadas que Dios nos

---

[11] Constitución Pastoral *Gaudium et spes* sobre la Iglesia en el mundo actual, n. 19.

[12] RAHNER. *Curso fundamental sobre la fe*, p. 91.

dirige en medio de las vicisitudes de la historia y de los signos cambiantes de los tiempos (*mediación histórica*)[13]. Así pues, una interioridad habitada e iluminada por el misterio del totalmente Otro se vuelve capaz de ver el mundo, la historia y los afanes cotidianos como "*le milieu divin*", según la célebre expresión de Teilhard de Chardin, o sea, la vida misma se hace diáfana y se convierte en el lugar donde se prolonga y renueva el encuentro con el Dios vivo, encuentro en el cual el hombre, "*siendo el más pequeño, recibe más que da*"[14].

Habiendo llegado hasta aquí, no será demasiado subrayar lo que es obvio: Dios no es una fuerza difusa, un sentimiento fugaz, una idea abstracta, un discurso falaz, una actividad intramundana, un producto de nuestra indigencia, una proyección de nuestra imaginación, un objeto manipulable, una realidad de la que podemos apropiarnos según nos convenga.

Dios es Dios, infinitamente distinto, verdad insobornable y abismo insuperable, el origen y el *pléroma* del sentido de la vida, sentido que el ser humano está llamado a acoger y a interiorizar, no a forjarlo o a inventarlo como si fuera algo extraño a su identidad o a su finalidad. Y eso porque Dios es también persona[15], es alguien que se da a conocer y que se deja encontrar, que ama y que se hace amable, que se revela y se comunica al hombre, y todo ello por pura iniciativa suya, a lo que llamamos *gracia*, término con el cual la teología cristiana suele denominar la autocomunicación de Dios.

---

[13] Cf. DE FIORES. Espiritualidad contemporánea, pp. 632-633.
[14] *Le Milieu divin*, p. 67. Ver también las páginas 71-73.
[15] Sobre el carácter personal de la revelación de Dios, ver: RAHNER. *Curso fundamental sobre la fe*, pp. 95-100.

K. Rahner nos ayuda a entender que no podemos apoderarnos del misterio de Dios, ni capturarlo con las pretensiones de nuestro intelecto, ni tampoco moldearlo según nuestros deseos. Como *misterio inefable*, Dios es absolutamente libre e infinitamente mayor y, por ello mismo, siempre se nos escapa y excede. Incluso cuando se abre, se acerca y se ofrece al ser humano, Dios no deja jamás de ser misterio trascendente en sí mismo. Y es desde ahí, desde esa su realidad invariable, desde donde funda al ser humano como sujeto de transcendencia e interlocutor de su alianza[16].

En efecto, como observa aún W. Kasper, la revelación de Dios, su autocomunicación, procede de su *absoluta libertad* y de su *amor sempiterno*. El carácter trascendente de su ser no se ve alterado por el movimiento de su revelación histórica y de su acercamiento compasivo hacia nosotros. Al contrario, es precisamente esta dialéctica entre la trascendencia de su ser y la condescendencia de su autocomunicación lo que pone de relieve la singularidad de su santidad, la hondura de su libertad y la inmensidad de su amor.

"Dios es tan libre y tan absoluto que puede serlo todo y, sin embargo, dejar espacio al otro. Precisamente en esta absolutez y libertad que sólo pueden determinarse dialécticamente se revela la verdadera divinidad de Dios"[17].

A Dios, por lo tanto, si se le quiere *experimentar* en profundidad, hay que *reconocerle* y *acogerle*. Y, para re-

---

[16] Cf. *Curso fundamental sobre la fe*, pp. 93-95.
[17] *L'assoluto nella storia nell'ultima filosofia di Schelling*. Milano: Jaca Book, 1986, p. 295.

conocerle y acogerle, hay que *encontrarle* en el corazón de la existencia y de los acontecimientos, tanto en el recogimiento de la contemplación como en la faena de cada día, porque la experiencia espiritual se efectúa en la experiencia global de lo humano, en su cotidianidad habitada por el misterio, en medio de sus sudores, lágrimas y sonrisas. Y los *frutos* sazonados de este encuentro entre gracia y libertad, entre iniciativa divina y acogida humana, son los más maduros y sabrosos que pueden existir: una fe que se irradia, una esperanza que fortalece, un amor que no se cansa, una conversión que transforma, una rectitud que no declina, una comunión que se amplía, una compasión que hermana, una solidaridad que compromete, un perdón que persiste, una vida orientada y dinamizada por un sentido mayor que la fecunda, embellece y plenifica.

El encuentro con el Trascendente reconduce al hombre a sí mismo, dignifica su condición de criatura, así como su dependencia de Dios ensancha su libertad y anima sus esfuerzos cotidianos. Y la *autotrascendencia* se presenta como la bisagra que vincula y articula esta dependencia fundante y la auténtica autonomía concedida al ser humano.

> *"Sólo allí donde el hombre se experimenta a sí mismo como sujeto libre y responsable ante Dios y acepta esta responsabilidad, sólo allí comprende lo que significa la autonomía y cómo ésta, al derivarse de Dios, crece en la misma medida y no disminuye. Sólo en este punto nos queda claro que el hombre es a la vez autónomo y dependiente de su fundamento"*[18].

---

[18] *Curso fundamental sobre la fe*, p. 109.

En síntesis, hay un vínculo radical entre la revelación o automanifestación de Dios y la apertura o receptividad del ser humano como *sujeto estructuralmente espiritual*, dotado de una consciencia trascendental *a priori*. Eso quiere decir que, como *"existencial sobrenatural"*, para usar una expresión de Rahner, el ser humano se descubre y se presenta como un *sediento del misterio* que le habita y sobrepasa, en el cual residen el origen y el horizonte infinito hacia el cual todo su vivir (memoria, inteligencia, afectos, imaginación, etc.) se mantiene en tensión.

En ese Misterio, pues, se encuentran el sosiego de sus inquietudes más profundas, las respuestas a sus interrogantes más sinceros y la plena realización de sus esperanzas más legitimas.

"Podemos hablar de la trascendencia sólo y siempre mientras hablamos de su horizonte, y podemos hacer inteligible este horizonte en su naturaleza específica sólo y siempre mientras hablamos de la naturaleza de la trascendencia como tal"[19].

En esa identidad fundamental –que se refleja en la vida ordinaria, en las relaciones y empeños de cada persona– descansa el principio generador de lo que se llama *espiritualidad*. Esta es, pues, la razón por la cual la revelación de Dios y la experiencia espiritual o incluso religiosa no contradicen jamás al ser humano, ni tampoco se confunden con un dato extraño, extrínseco o yuxtapuesto a su naturaleza. Al contrario, le son verdaderamente familiares y connaturales debi-

---

[19] *Curso fundamental sobre la fe*, p. 79.

do a su propio dinamismo autotrascendente y a su estructura siempre abierta al Absoluto que, permaneciendo distinto y superior, respeta y potencia la libertad humana y llena de sentido y vitalidad su existir concreto[20]. Se trata, en realidad, de un don, de un fruto de la gracia que fecunda la naturaleza, la precede, la predispone y la solicita, la perfecciona y la eleva sin cesar. Gracia que la persona está llamada a acoger con toda la libertad y liberalidad de que es capaz en la cotidianidad de la vida, señalando así la meta eterna hacia la que se siente atraída.

---

[20] *"Estamos orientados hacia Dios. Esta experiencia originaria existe siempre y no debe confundirse con la reflexión objetivante, por necesaria que sea, sobre la orientación trascendental del hombre hacia el misterio"* (RAHNER. *Curso fundamental sobre la fe*, p. 82).

UNA SED QUE MOVILIZA, UNA EXPERIENCIA QUE CONTAGIA

A lo largo del tiempo, se ha traducido de muchas maneras la íntima relación entre la dimensión trascendental, espiritual o religiosa del ser humano y el sentido fundante, objetivo y cabal de la existencia, el sentido que corresponde a la verdad suprema de la vida, al bien mayor y a la felicidad completa. Se trata, pues, del sentido convergente y unificante, que supera todos los sentidos parciales y los perfecciona, armoniza y eleva, señalando la meta definitiva del vivir (*telos*) que es también su principio y fundamento (*arché*): el absoluto a quien llamamos Dios.

Por lo tanto, queda claro que ni siquiera la suma de todas las realidades intramundanas sería capaz de llenar el corazón humano y satisfacer sus anhelos más radicales. Y eso porque, siendo *capax Dei*, habitado por un deseo infinito, el hombre solo puede ser plenificado por el infinito que es Dios[1]. Este Dios es, pues,

---

[1] Cf. BOFF. *O livro do sentido II*, pp. 85-87 y 151-153 (sobre el deseo de infinito visto a la luz de la fe).

el Trascendente que se autocomunica y se deja alcanzar en la inmanencia de la vida y de la historia.

Los *salmos* –estas oraciones poéticas brotadas de lo más hondo de la existencia como desbordamiento de una relación vital– lo demuestran con impresionante luminosidad, sirviéndose de imágenes de notable elocuencia, como la de la sed, precisamente por la necesidad primordial que representa el agua para todo ser vivo.

De ese modo, se puede hablar de la *sed de Dios* como el más profundo anhelo del corazón humano y la más apremiante aspiración que vivifica su ser. Es lo que conlleva el lamento del salmista en la desolación de su exilio: *"Como anhela la cierva los arroyos, así te anhela mi ser, Dios mío. Mi ser tiene sed de Dios, del Dios vivo; ¿cuándo podré ir a ver el rostro de Dios?"* (Sl 42,2-3).

La búsqueda de Dios se levanta como el eje que mueve la vida y sin el cual el hombre se debilita en lo que tiene de más sustancial, sobre todo en las horas más duras y arriesgadas: *"Dios, tú mi Dios, yo te busco, mi ser tiene sed de ti, por ti languidece mi cuerpo, como erial agotado, sin agua"* (Sl 63,2). Lo mismo resuena en esta súplica humilde y confiada de uno que se ve perseguido y se refugia en el Señor, de quien espera protección, fuerza y valor para cumplir su voluntad y caminar rectamente por las sendas de la justicia: *"Hacia ti tiendo mis manos, como tierra sedienta de ti"* (Sl 143,6). Bajo distintas formas y expresiones, los salmos tratan de evidenciar la certeza que alienta a la persona que cree y la orienta en la dirección del Creador: *"En ti, oh Dios, está la fuente de la vida, y en tu luz vemos la luz"* (Sl 36,10).

Mediador único e insuperable de la autocomunicación de Dios es Jesús de Nazaret, el Cristo. Él es *"imagen de Dios invisible"* (Cl 1,15), en cuya persona entran en comunión plena la divinidad y la humanidad y encuentran cumplimiento definitivo la trascendencia y la inmanencia, la eternidad y la historicidad. A través de su vida entregada, de su mensaje y de su misión, Jesús nos revela el rostro de un Dios que es amor incondicional, que se muestra compasivo y cercano y que desea ser conocido así, en su ser con nosotros y para nosotros: *"Tanto amó Dios al mundo que dio a su Hijo único, para que todo el que crea en él no perezca, sino que tenga vida eterna"* (Jn 3,16). En el extenso y sorprendente diálogo de Jesús con la samaritana junto al pozo de Jacob, reaparece con particular énfasis el tema de la sed en su doble vertiente que va de lo físico a lo simbólico[2].

En el contexto de este encuentro entrañable, el cuarto evangelio pone en los labios de Jesús esta promesa de vida: *"El que beba del agua que yo le dé no tendrá sed jamás, pues el agua que yo le dé se convertirá en él en fuente de agua que brota para la vida eterna"* (Jn 4,14). El agua que Cristo regala no es otra cosa que su mismo Espíritu que nos introduce en la comunión con el Padre (cf. Jn 7,37-39; 4,10). Todo sediento que se sacia de esta agua se convierte en un manantial que desborda para saciar a los demás, es decir, que ofrece de lo que a él le llena[3].

---

[2] Esta es una técnica literaria muy recurrente en el evangelio de Juan, como se ve, por ejemplo, a lo largo del llamado *Libro de los Signos* (2,1-12,50). Ahí los gestos y palabras de Jesús remiten a realidades mucho más densas, profundas y perennes, a las que solo se puede acceder mediante la fe [FLANAGAN, Neal. João. In: BERGANT, Dianne; KARRIS, Robert (eds.). *Comentário Bíblico*. Vol. 3. São Paulo: Loyola, 1999, pp. 111-127].

[3] Un inspirador abordaje bíblico-literario de esta imagen de la sed puede ser encontrado en: TOLENTINO MENDONÇA, José. *Elogio da sede*. São Paulo: Paulinas, 2018, especialmente las páginas 41-78.

Una tardía tradición judío-cristiana aplica a esa búsqueda esencial del espíritu humano lo que poetiza el *Cantar de los Cantares* al referirse a las ansias de un amor apasionado entre hombre y mujer, recalcando más explícitamente la fuerza de atracción que el amado ejerce sobre su amada y la capacidad que tiene el amor de transponer obstáculos e ir más allá de lo inmediato y previsible: *"Levántate, amor mío, hermosa mía, y vente (...). ¡Anímate, amor mío, hermosa mía, y ven!"* (Cat 2,10.13b). Y declara enseguida la amada, con palabras llenas de encanto primaveral: *"Mi amado es mío y yo de mi amado (...). En mi lecho, por la noche, busqué al amor de mi alma, lo busqué y no lo encontré (...). Encontré al amor de mi alma. Lo agarré y no lo soltaré"* (Cat 3,1.4b)[4].

El arrebatamiento y la frescura recogidos en estos versículos sapienciales reflejan poética y simbólicamente lo que significa y supone la búsqueda de Dios como despliegue de aquella dimensión trascendental que tiene su hogar en la interioridad humana: *el dejarse atraer o seducir por Dios*, el Amado del alma, en actitud de total docilidad y abandono; *el éxodo de sí mismo*, es decir, el rompimiento del círculo cerrado de la inmanencia, la renuncia a la autosuficiencia, el destronamiento del yo como centro absoluto de la vida; y, por fin, *la procura incesante*, libre y confiada, la peregrinación por las sendas del misterio, dinamizada por la vastedad y la hermosura del horizonte que se abre ante quien cree, espera y ama con ojos y corazón limpios.

---

4 Sobre la singularidad de la composición del *Cantar de los Cantares* y su inserción entre los libros sagrados, ver: FISCHER, James. Cântico dos Cânticos. In: BERGANT, Dianne; KARRIS, Robert (eds.). *Comentário Bíblico*. Vol. 2. São Paulo: Loyola, 1999, pp. 267-268.

Una poesía-oración de Benjamín González Buelta, SJ, inspirada en la quinta anotación introductoria a los *Ejercicios Espirituales* de San Ignacio de Loyola (1491-1556)[5], desgrana lo que comporta esa experiencia de reconocerse amorosa y gratuitamente buscado y encontrado por Dios, así como de buscarle y encontrarle a él en lo concreto de la vida:

"Hoy no tengo nada que pedirte,
ni te traigo ninguna queja.
Yo sólo busco un encuentro
desde lo infinito que late en mí.

¡Pobre de mí
si atase tu respuesta
a mi pregunta tan medida,
o a mi lamento tan herido!

¡Pobre de mí
si ya supiese la respuesta!
Tal vez sólo encontraría para mi sed,
mi propia agua reciclada,
el eco de mi monótono; decirme,
mi pasado humedecido
por el sudor o por el llanto.

Te necesito más allá de lo que sé
o de lo que digo de mí mismo.
¡Hoy descubro ya presente,
en el amor con que me atraes,
la pasión con que me buscas!"[6]

¡Tal experiencia de sed y saciedad, de búsqueda y encuentro, de inquietud y reposo, de amor acogido, co-

---

[5] *"Al que recibe los Ejercicios mucho aprovecha entrar en ellos con grande ánimo y liberalidad con su Creador y Señor, ofreciéndole todo su querer y libertad, para que su Divina Majestad, así de su persona como de todo lo que tiene, se sirva conforme a su santísima voluntad"* (*Ejercicios Espirituales*. Santander: Sal Terrae, 2017, p. 11).

[6] *Salmos para "sentir y gustar internamente"*: una ayuda para la experiencia de los Ejercicios Espirituales. Santander: Sal Terrae, 2007, p. 7.

rrespondido y compartido, la hacen *summo modo* los místicos, los hombres y mujeres que se lanzan sin reservas en el amplexo del Misterio que les ha fascinado.

Entre los místicos cristianos, citamos aquí algunas figuras de altísima estatura espiritual, que se han destacado, además, tanto por la solidez de sus virtudes como por el brillo de su ciencia.

❧ **San Agustín de Hipona** (354-430), con las célebres palabras que abren sus *Confesiones* y cuya formulación dispensa cualquier glosa: *"Nos has hecho para ti, Señor, y nuestro corazón está inquieto hasta que repose en ti"*[7]. Y un poco más adelante, con la misma finura, sigue aludiendo a ese deseo natural de felicidad, ese anhelo indeclinable de bienaventuranza que el Creador puso en el corazón humano: *"¿Cómo es, Señor, que te busco? Porque al buscarte, Dios mío, busco la felicidad. Te buscaré, Señor, para que viva mi alma. Mi cuerpo vive de mi alma, y mi alma vive de ti"*[8]. Así, el inquieto Agustín ilustra la necesidad irreprimible y el deseo incoercible que se vuelven hacia el *"Dios siempre mayor"*, mayor que la mente y el corazón del hombre, el Dios cuyo misterio sobrepasa todo concepto y toda representación. *"Cuando yo me adhiera a ti con todo mi ser, ya no habrá más dolor ni trabajo para mí, y mi vida será viva, llena toda de ti"*[9].

❧ **San Basilio Magno** (330-379), en su *Regla Monástica*, quiso afianzar a los suyos en esta convicción de que

---

[7] *"Quia fecisti nos ad te et inquietum est cor nostrum, donec requiescat in te"* (Las Confesiones, I, 1. In: *Obras Completas de San Agustín II*. Texto bilingüe. 5 ed. Madrid: BAC, 1968, p. 73).

[8] Las Confesiones, X, 20, 29. In: *Obras Completas de San Agustín II*, p. 106.

[9] Las Confesiones, X, 28, 39. In: *Obras Completas de San Agustín II*, p. 123.

tenemos depositada en nosotros, desde nuestros orígenes, la chispa o la semilla del amor que nos une a Dios y a los demás, amor que nos capacita para una vida virtuosa, porque *nos inclina a lo bueno y a lo bello"*, y que nos vuelve irrevocablemente proclives a lo Trascendente real y objetivo. Así, recuerda que nunca será demasiado avivar esa chispa para que se inflame o cultivar esa semilla para que se desarrolle y produzca sus frutos:

*"El amor de Dios no es algo que pueda aprenderse
con unas normas y preceptos. Así como nadie nos
ha enseñado a gozar de la luz, a amar la vida, a
querer a nuestros padres y educadores, así también,
y con mayor razón, el amor de Dios no es algo
que pueda enseñarse, sino que desde que empieza
a existir este ser vivo que llamamos hombre es
depositada en él una fuerza espiritual, a manera
de semilla, que encierra en sí misma la facultad
y la tendencia al amor. Esta fuerza seminal es
cultivada diligentemente y nutrida sabiamente en
la escuela de los divinos preceptos y así, con
la ayuda de Dios, llega a su perfección"*[10].

❧ **San Anselmo de Aosta o de Cantuária** (+1109), al introducir a sus lectores en la contemplación del misterio, reflexiona admirablemente sobre la dinámica de la búsqueda que se desprende de aquella sed que grita en el interior del hombre criado por Dios y para Dios. Envergado bajo el peso de su insuficiencia de criatura y acosado por su debilidad de pecador, desde el abismo de su oscuridad, el hombre desea ardientemente ser alumbrado por el conocimiento de Dios. Y, puesto que ese conocimiento es gracia, regalo inmerecido e impagable, solo Dios mismo puede levantar nuestra

---

[10] Oficio de Lectura del martes de la semana I del Tiempo Ordinario.

mirada, enderezarnos y enseñarnos los caminos por los cuales llegaremos a encontrarle, mostrándose benévolamente a quienes le buscamos en la penumbra de la fe, con el deseo encendido por el amor:

"Encorvado como estoy, Señor, no puedo mirar más que la tierra; enderézame, y mis miradas se dirigirán hacia los cielos. Mis iniquidades se han alzado por encima de mi cabeza, me rodean por todas partes y me oprimen como una carga pesada (cf. Sl 37,5). Desembarázame de estos obstáculos, descárgame de este peso; que no me encierren en sus profundidades como en un pozo (cf. Sl 68,15). Que me sea permitido volver los ojos hacia tu luz desde lejos o del fondo de mi abismo. Enséñame a buscarte, muéstrate al que te busca, porque no puedo buscarte si no me enseñas el camino. No puedo encontrarte si no te haces presente. Yo te buscaré deseándote, te desearé buscándote, te encontraré amándote, te amaré encontrándote".

A continuación, Anselmo recuerda que esa propensión ontológica hacia el misterio que se revela, hacia el Dios que se deja encontrar por quien le busca, Dios mismo la infundió en el corazón del hombre al crearlo a su imagen y semejanza y la restaura siempre de nuevo por pura misericordia, a fin de conducirlo a su plena realización. Por su parte, el hombre se reconoce llamado a recorrer las vías de la fe y del amor para alcanzar la verdad de Dios y penetrar en la densidad de su misterio, *creyendo para comprender*, entregándose para experimentar.

"Reconozco, Señor, y te doy gracias, porque has creado en mí esta imagen (cf. Gen 1,27) para que me acuerde de ti, para que piense en ti, para que te ame. Pero esta imagen se halla tan deteriorada

por la acción de los vicios, tan oscurecida por el vapor del pecado, que no puede alcanzar el fin que se le había señalado desde un principio si no te preocupas de renovarla y reformarla. No intento, Señor, penetrar tu profundidad, porque de ninguna manera puedo comparar con ella mi inteligencia; pero deseo comprender tu verdad, aunque sea imperfectamente, esa verdad que mi corazón cree y ama. Porque no busco comprender para creer, sino que creo para llegar a comprender. Creo, en efecto, porque, si no creyere, no llegaría a comprender (cf. Is 7,9)"[11].

❦ El agitado siglo XVI vio despuntar el alma sedienta de **santa Teresa de Jesús** (1515-1582), cuyas palabras lapidarias destilan las resonancias de una intimidad con Dios que es fruto maduro de la gratuidad del amor que engendra comunión. El Dios-Amor invita al alma a buscarse en la insondable profundidad de su ser (de Dios) y a buscarle (a Él) en la profundidad del alma, donde quiso establecer su morada sin jamás fundirse en ella. Y la fuerza propulsora de esta búsqueda no es otra sino el hecho de que, en el alma, se encuentra primorosamente retratada la imagen del mismo Dios; y en las entrañas de Dios, el alma está pintada en su esplendor original, con las tintas de aquella bondad genuina y de aquella belleza sin mancha que necesitan ser siempre de nuevo recuperadas y retocadas, si es que el ser humano quiere vivir iluminado por *el sentido* que es la meta de sus anhelos de plenitud. Ese sentido, pues, no puede ser otro sino el que habita lo más recóndito del alma: Dios mismo, que viene a nosotros sin tardar y nos permite disfrutar de

[11] Proslogion, cap. 1. In: *Obras Completas de San Anselmo I*. Madrid: BAC, 1952, pp. 364-365.

su presencia dadivosa para que nos descubramos finalmente en el resplandor sin ocaso de su misterio.

"Alma, buscarte has en Mí,
y a Mí buscarme has en ti.

De tal suerte pudo amor,
alma, en Mí te retratar,
que ningún sabio pintor
supiera con tal primor
tal imagen estampar.

Fuiste por amor criada
hermosa, bella, y así
en mis entrañas pintada,
si te perdieres, mi amada,
Alma, buscarte has en mí.

Que yo sé que te hallarás
en mi pecho retratada,
y tan al vivo sacada,
que si te ves te holgarás,
viéndote tan bien pintada.

Y si acaso no supieres
dónde me hallarás a Mí,
No andes de aquí para allí,
sino, si hallarme quisieres,
a mí buscarme has en ti.

Porque tú eres mi aposento,
eres mi casa y morada,
y así llamo en cualquier tiempo,
si hallo en tu pensamiento
estar la puerta cerrada.

Fuera de ti no hay buscarme,
porque para hallarme a mí,
bastará sólo llamarme,
que a ti iré sin tardarme
y a mí buscarme has en ti"[12].

---

[12] SANTA TERESA. *Poesías*, 8. In: *Obras Completas*. 9 ed. Burgos: Monte Carmelo, 1998, pp. 1334-1335.

❦ Para el docto **san Francisco de Sales** (1567-1622), el ser humano fue creado para abrirse plena y conscientemente a la fascinación del amor de Dios que reverbera en su interior y que es el principio y el fin de su realización más auténtica, *"la razón de conveniencia que existe entre Dios y nosotros"*. Nada más puede colmar su ser ávido de bondad y verdad, nada más puede calmar la sed de infinito que arde en su interior:

> *"Nuestra alma, al considerar que nada la contenta perfectamente, y que su capacidad no puede ser llenada por ninguna cosa de cuantas hay en este mundo; al ver que su entendimiento tiene una inclinación infinita a saber cada día más, y su voluntad un apetito insaciable de amar y de hallar el bien, ¿no tiene, acaso, razón de exclamar: 'Ah, no he sido yo creada para este mundo?' Existe algún soberano bien del cual dependo y algún artífice infinito que ha impreso en mí este insaciable deseo de saber y este apetito que no puede ser saciado. Por esta causa es necesario que yo tienda y me dirija hacia él, para juntarme y unirme con su bondad, a la cual pertenezco y de la cual soy. Tal es la razón de conveniencia que existe entre Dios y nosotros"*[13].

❦ En la misma línea, resulta particularmente elocuente el testimonio de alguien que se ha entregado por entero a Dios para vivir según las exigencias de la caridad, poniéndose al servicio de los más abandonados de su tiempo: **san Vicente de Paúl** (1580-1660). Lo movía y animaba el saberse amado y el deseo de que ese amor desbordara de su vida como de un manantial para alcanzar a los demás:

---

[13] *Tratado del amor de Dios*, libro I, n. 15.

*"Dios mío (...) concédeme la gracia de que tu
santo amor se imprima bien hondo en mi alma,
que sea la vida de mi vida y el alma de mis
acciones, para que, al salir fuera, entre y actúe
también en las almas a las que yo me entregue"*[14].

En estas palabras de San Vicente, se refleja la verdad de que nadie puede dar lo que no tiene interiorizado, o, más bien, en la lógica de la fe, nadie puede compartir lo que antes no le fue ofrecido por el Dador de todos los bienes verdaderos.

❧ Otro místico que supo traducir el alcance del absoluto de Dios en una vida totalmente consagrada a su servicio, mediante una relación de íntima comunión, fue **san John Henry Newman** (1801-1890). El lema que norteó sus pasos y que figura en su lápida sepulcral dice lo bastante: *"cor ad cor loquitur"*, solo el corazón −sede de los sentimientos y pensamientos más sinceros y decisivos− habla al corazón: el corazón de Dios al corazón humano, el corazón humano al corazón de Dios y a los corazones de los otros. En sus *Meditations*, se halla esta oración de encomiable hondura, desborde de su libre y gozosa dependencia de Dios, cuya luz disipa las nubes espesas que rondan el espíritu humano y aclara el camino de su trayectoria conduciéndole a la plenitud:

*"¿Cómo puedo estar lejos de ti? Pues que tú, que
eres la Luz de los ángeles, eres también la única
Luz del alma mía. Tú iluminas a todo hombre
que viene al mundo. Sin ti, estoy absolutamente
en las tinieblas. Oh Dios mío, no puedo retenerte;*

---

[14] Conferencia sobre la Caridad, del 30 de mayo de 1659. In: *Obras Completas*. Tomo XI-4: Conferencias a los Misioneros. Salamanca: Sígueme, 1974, p. 554.

puedo solamente suplicarte que permanezcas.
Permanece conmigo hasta la muerte, en este
valle oscuro, hasta que las tinieblas se disipen.
Permanece conmigo, oh Luz de mi alma, porque
se hace ya tarde. La oscuridad, que no es tuya,
cae sobre mí. Yo no soy nada, ni siquiera sé
poseerme a mí mismo. No puedo hacer lo que
quiero, y me siento triste y desolado. Me falta
cualquier cosa, y no sé qué. Eres tú lo que necesito,
aunque lo entienda tan poco. Lo afirmo, lo creo
por fe, pero lo comprendo solo en parte.
¡Resplandece sobre mí, oh Fuego siempre ardiente
y que jamás falla! Y yo, mediante tu Luz, y por medio
de ella, comenzaré a ver la Luz, a reconocerte
verdaderamente, como fuente de Luz"[15].

❧ No dejamos pasar la ocasión de citar, una vez más, al místico original que fue **Teilhard de Chardin**, en su fascinación por el mundo como lugar de la irradiación del misterio inabarcable e irresistible que lo penetra y sobrepasa. En una de las oraciones que se intercalan en sus escritos, con su lenguaje singular, Teilhard se refiere a Aquel que es el origen, el sostenedor y la cumbre de la creación, principio, medio y fin de todo lo que existe, el que despierta en el ser humano el impulso de la trascendencia y lo lleva a cabo, revelándose *siempre mayor* que todos los dones con que nos enriquece e introduciéndonos en el océano de su misterio.

"Sí, Dios mío, lo creo: y lo creo tanto más
gustosamente cuanto que en ello no se juega sólo
mi tranquilidad, sino mi realización; eres tú
quien está en el origen del impulso, y en el término

15 Apud GUGLIELMONI, Luigi; NEGRI, Fausto. *Dio è vicino*. Un mese con John Henry Newman. Meditazioni e preghiere. Ponteranica: Centro Eucaristico, 2001, p. 57.

de esa atracción, a la cual, durante toda mi vida,
no hago otra cosa sino favorecer en su impulso
primero y en sus desarrollos. Y eres tú también
quien vivifica para mí, con tu omnipresencia
(mucho mejor que lo hace mi espíritu por la
Materia que él anima), las miríadas de influencias
de que en todo instante soy objeto. En la vida
que brota en mí, en esta Materia que me sostie-
ne, hallo algo todavía mejor que tus dones; te
hallo a Ti mismo; a Ti, que me haces participar
de tu Ser y que me moldeas".

Y concluye, poco después, con una súplica: ver acrecentarse su deseo de plenitud para dejarse guiar por su sed en el sendero hacia las fuentes franqueadas por el Autor de la vida:

"Oh Tú, cuya llamada precede al primero de
nuestros movimientos, concédeme, Dios mío, el
deseo de desear ser, a fin de que por esta divina
sed misma que me has dado, se abra en mí
ampliamente el acceso a las grandes fuentes"[16].

Aun reconociendo la incapacidad del lenguaje para abarcar la intensidad de la experiencia espiritual, los místicos saben que este es el único recurso que tienen para transmitir el gozo incomparable de acercarse al *objetivo imposible* que es el Trascendente. De hecho, es en la dinámica de la palabra y en su potencial creativo donde se produce el movimiento de ruptura de fronteras, de resistencia a la opacidad del tiempo, de apertura, aunque limitada, a los colores vibrantes y sutiles del Absoluto.

Aparte de los clásicos mencionados hasta aquí, nos place citar aún a dos autores contemporáneos que su-

---

[16] *Le Milieu divin,* pp. 72-73.

pieron aliar mística y poesía en sus escritos, verbalizando magistralmente el alcance de la espiritualidad como experiencia fundante y haciéndose heraldos de la sed de plenitud y de la atracción por el Infinito que movilizan y realizan al ser humano.

❦ Empezamos por una mujer de fe viva y activa, cristiana de convicción y práctica, la poetisa brasileña **Adélia Prado** (1935), con su maravillosa capacidad de contemplar y poner de relieve la trascendencia que se oculta en lo que hay de más prosaico. En su poema *O homem humano*, Adélia desvela la esperanza que alienta nuestra peregrinación hacia un destino *ya* intuido, pero *todavía no* poseído. La paz que acompaña y ciñe esa esperanza, aliviando el cansancio del camino, es el misterio sin igual de la paternidad misericordiosa de Dios, misterio que consuela y sobrecoge nuestra pequeñez por su cercanía y magnitud a la vez.

"Si no fuera por la esperanza
de que me esperas con la mesa puesta,
no sé qué sería de mí.

¡Sin tu nombre,
la claridad del mundo no me acoge,
es cruda luz quemante sobre lamentos.

Necesito, detrás del sol,
el calor que no se pone y engendra mis sueños,
en la más cerrada noche, lámparas fulgurantes.

Porque permaneces arriba y abajo,
y alrededor de lo que existe,
descanso mi rostro en esta arena,
contemplando las hormigas,
envejeciendo en paz,
como envejece lo que es de amoroso dueño.

El mar es muy pequeño ante lo que lloraría,
si no fueras mi Padre.
Oh Dios, aun así,
no es sin temor que te amo,
ni sin miedo"[17].

❦ Otro poeta brasileño, un monje benedictino, **Marcos Barbosa** (1915-1997), logró traducir, en lenguaje explícitamente oracional, esta aspiración ineludible que se anida en el espíritu humano, a menudo inadvertidamente, y que fragua en el deseo incontenible de contemplar la faz de Dios, cuyos destellos están como esparcidos por todo lo que hay de verdadero, bueno y bello en lo creado, así como en las más densas y legítimas experiencias humanas:

"Todos buscan tu rostro, Señor,
incluso aquellos que no lo saben ni te conocen,
ni han probado todavía lo dulce que eres,
pues por ti hemos sido hechos,
e inquieto está nuestro corazón (dijo uno de los tuyos)
hasta que repose en ti, hasta que descanse en fin
en tu mano derecha (dijo otro).

Hasta que encontremos aquel descanso, aquel reposo,
insuperable réquiem que deseamos, cantando, a nuestros muertos.
Te buscan los que no te conocen cuando buscan la belleza.
Te buscan los que no te escuchan cuando perciben, aquí o allá,
la armonía que has insertado en las cosas,
que nunca consiguen borrar
los indelebles destellos de tus dedos.
Te buscaron, Señor, y encontraron quizás algo de ti,
los que trazaron en las paredes de las cuevas,
ciertamente en tu alabanza,
como un cántico de acción de gracias o de ofrenda,
las esbeltas siluetas de los animales que les servían.

---

[17] *Poesia reunida.* São Paulo: Record, 2015, pp. 208-209.

Te buscamos, Señor, y creemos que te encontramos,
en los rostros que amamos y a veces nos robas de repente...
Te buscan, Señor, los artistas en sus obras que,
lejos de satisfacerlos completamente,
pronto los llevan a la aventura de un nuevo poema
o una nueva pintura,
donde sueñan, en fin, con tenerlo en las manos, sin matarlo,
el pájaro, vivo y escondido, deslumbrado y escuchado,
en el balanceo de la rama de un minuto...
Siempre te buscamos, Señor, sin encontrarte en la tierra del todo.
Y por eso nuestras lágrimas, como dijo el poeta virgen Virgilio,
son lágrimas de cosas (sunt lacrimae rerum!),
que gimen y lloran en este valle,
hasta que la compasiva Reina
nos muestre en la gloria el fruto de su vientre,
y contemplemos en nosotros mismos, como dijo Pablo,
en nuestro cuerpo y alma, en nuestra carne y sangre,
la gloriosa revelación de los hijos de Dios!"[18].

Como hemos intentado demostrar anteriormente, el impulso de trascendencia y el anhelo de totalidad no son un privilegio *a posteriori* de los que profesan un credo ni una consecuencia del acto de fe que, a su vez, explicita, corona y lleva a buen término la búsqueda fundamental del espíritu humano. En realidad, este impulso, este anhelo y esta búsqueda se presentan como un componente del ser humano, un constitutivo de su identidad, un dato antropológico de primera grandeza y necesidad.

En base a eso, además de hombres y mujeres de fe, no han faltado también autores que, aunque no se declarasen creyentes, dejaron registrados en sus escritos la sed de infinito que les inquietaba el corazón y el an-

---

[18] *Poemas do Reino de Deus*. Rio de Janeiro: José Olympio, 1980, pp. 176-178.

helo espiritual que les mantenía infatigables en la búsqueda del sentido y les comunicaba valores de innegable trascendencia y dignidad: ecos, en realidad, de la nostalgia de una presencia desconocida, pero de algún modo intuida. *"¿Quién eres tú, que llenas mi corazón con tu ausencia?"*, preguntaba el escritor sueco **Pär Lagerkvist** (1891-1974), Nobel de Literatura, conocido por su realismo existencial y social, pero también por una constante inquietud espiritual.

Sin embargo, muy a menudo, lo diferencial de esta perspectiva de carácter marcadamente inmanente reside en su restricción al terreno de lo propiamente humano o de lo meramente intramundano, sin darse cuenta o al menos sin explicitar el éxodo, el *salto* o la *entrega* que supone la fe y que conduce al encuentro o a la experiencia del *objeto* real de la pulsión trascendental.

※ Valga aquí la ilustración suministrada por la *Plegaria al Desconocido*, del poeta **Jules Supervielle** (1884-1960), un hombre fuertemente aquejado por los problemas, carencias y conflictos que laceraban la sociedad de su tiempo:

"He aquí que me sorprendo hablándote, Dios mío, yo, que no sé todavía si existes ni comprendo la lengua de tus iglesias susurrantes. Miro los altares, la bóveda de tu casa como quien dice simplemente: 'Esto es madera, esto es piedra, aquéllas son columnas románicas, le falta la nariz a ese santo, y adentro como afuera hay un mismo desamparo entre los hombres.' Bajo los ojos sin poder arrodillarme durante la misa como si dejara pasar una tormenta sobre mi cabeza y no puedo evitar el pensar siempre en otra cosa. Me pasaré la vida pensando en otra cosa, y esa otra cosa soy yo, tal vez mi yo verdadero: es allí donde me

refugio, y tal vez sea allí donde tú estás, creo que nunca podré vivir sino en esas lejanías que me seducen. El momento presente es un regalo que no he sabido aprovechar, no sé bien cómo se usa, lo volteo para un lado y para el otro y no logro que funcione su difícil mecanismo. No creo en ti, Dios mío, pero quisiera hablarte a pesar de todo"[19].

Concluimos así este breve recorrido por las rutas de algunos de los innumerables autores que, de diferentes modos, tradujeron con fluidez y belleza las ansias de los corazones sedientos de Dios y enamorados del misterio de la existencia.

Inspírennos todavía unas palabras del Papa Francisco que resumen y clarifican lo que hemos desarrollado hasta aquí con respecto a la búsqueda de Dios como vocación fundamental del ser humano, espina dorsal de su intrínseca dimensión espiritual, referente máximo del sentido último de la vida y empuje permanente de nuestro actuar en la historia:

> *"La búsqueda del rostro de Dios atraviesa la historia de la humanidad, llamada desde siempre a un diálogo de amor con el Creador. El hombre y la mujer, en efecto, tienen una dimensión religiosa indeleble que orienta su corazón hacia la búsqueda del Absoluto, hacia Dios, de quien perciben la necesidad, aunque no siempre de manera consciente. Esta búsqueda es común a todos los hombres de buena voluntad. Y muchos que se profesan no creyentes confiesan este anhelo profundo del corazón, que habita y anima a cada hombre y a cada mujer deseosos de felicidad y plenitud, apasionados y nunca saciados de gozo (...). La*

---

[19] Apud CERVANTES-ORTÍZ, Leopoldo. *Lo Sagrado y lo Divino: grandes poemas religiosos del siglo XX. Antología*. México: Planeta, 2002, pp. 14-15.

dinámica de la búsqueda manifiesta que nadie se basta a sí mismo e impone encaminarse, a la luz de la fe, por un éxodo del propio yo auto-centrado, atraídos por el rostro de Dios santo, y al mismo tiempo por la 'tierra sagrada del otro', para experimentar una comunión más profunda"[20].

Finalmente, no resta más que resaltar que vida espiritual quiere decir vida en referencia continua a Dios, fuente y meta de todo lo que somos, puesto que *"en él vivimos, nos movemos y existimos"* (Hch 17,28)[21]. Y no solo eso, quiere decir también vida movida por el amor, orientada hacia los demás, en actitud de donación y servicio, compasión y perdón, solicitud y solidaridad, pero siempre a partir de Dios, el que nos da la verdadera medida del amor que estamos llamados a compartir y nos infunde el dinamismo que nos hace *capax amoris*, que pone en marcha nuestra capacidad de amar más allá de toda conveniencia, interés, comodidad o ideología.

En la perspectiva cristiana, la medida del amor tiene rostro y nombre: Jesucristo. Y el dinamismo del amor es el Espíritu que él nos comunica de parte del Padre (cf. Jn 14,16-17). En efecto, después de todo, *"el amor de Dios ha sido derramado en nuestros corazones por el Espíritu Santo que nos ha sido dado"* (Rom 5,5). Así, todo aquel que cree –es decir, el que libremente se entrega a quien se le entregó primero como don– se reconoce llamado a ser *testigo de la profundidad en medio de la dispersión*, señalando el camino hacia la meta, la ruta hacia la fuente, como peregrino y guía hacia la plenitud a la que todos estamos destinados.

---

[20] *Vultum Dei quaerere*. Constitución Apostólica sobre la vida contemplativa femenina (29 de junio de 2016), n. 1.

[21] Cf. LOUTH. Vida espiritual, p. 1843.

REPENSAR LA SECULARIZACIÓN

La dimensión espiritual jamás ha dejado de cobrar el espacio que le es debido como elemento fundante, constitutivo e inalienable del ser humano, de su identidad más profunda, de su interioridad más radical. Lo comprueba el hecho de que la pregunta por el misterio de la vida y por su sentido último no cesa de inquietar y mover a muchos, sea cual sea la forma o el ropaje con el que esa pregunta se reviste. *"Para quien sabe mirar con ojos limpios, la existencia humana está sembrada de síntomas de trascendencia y la apertura a ésta es un elemento constitutivo del ser humano"*[1].

Nuestra misma estructura ontológica nos remite, inevitablemente, a una realidad que nos trasciende y nos llena de asombro, a la vez que suscita en lo más hondo de nosotros mismos una atracción y una fascinación que no puede traducirse en palabras, ni mucho menos demostrarse empíricamente.

---

[1] DE FIORES. Espiritualidad contemporánea, p. 621.

No se trata de una experiencia intimista, que comienza y termina en la individualidad de quien se deja nortear por la búsqueda del Infinito. Se trata, más bien, de una *experiencia totalizante y desbordante*, que abarca toda la existencia, repercute en las relaciones interpersonales y desemboca en el compromiso ético, sobrepasando lo meramente inmanente o histórico por el carácter ilimitado y por el anhelo de eternidad que definen y movilizan al ser humano.

Evidenciar, salvaguardar y potenciar esa dimensión espiritual es la tarea que incumbe a la religión. Y, aunque esta se haya visto duramente atacada y cuestionada por las pretensiones secularistas que se alzaron en la modernidad, tales pretensiones no tardaron en revelar su insuficiencia y debilidad. De hecho, como constatan muchos estudiosos, ha despuntado un *nuevo modelo antropológico y sociológico* que conlleva un replanteamiento religioso, el cual, a su vez, no se presenta exento de contradicciones e incongruencias[2].

LA SECULARIZACIÓN REVISADA

Se ha difundido ampliamente la idea de que la secularización es el corolario del proceso social de diferenciación y autonomía de los principales subsistemas socioculturales: ciencia, educación, economía, política, moral, religión, etc., un proceso facilitado por la racionalización tecnocientífica y la severa crítica a los postula-

---

[2] Cf. MAYA, Francisco. La transmisión de la fe, hoy. In. AA. VV. *Urgencias pastorales de la Familia Vicenciana*. Salamanca: CEME, 2007, pp. 217-218.

dos religiosos. Desde ahí, se puede definir la secularización como *"el fenómeno según el cual las realidades constitutivas de la vida humana tienden a establecerse dentro de una autonomía cada vez mayor en relación con las normas que derivan del dominio religioso"*[3]. Hablamos, por tanto, de un fenómeno histórico caracterizado por la reducción del papel de la religión en la vida social y cultural, un proceso que se desarrolló progresivamente en Europa a partir de finales de la Edad Media, extendiéndose, con el paso del tiempo, a todas las sociedades influenciadas por la cultura occidental moderna al estar sometidas a la dinámica de la globalización.

En este marco, se postuló la desaparición de toda referencia a un absoluto supramundano, de tal manera que la sociedad pudiera organizarse en función de objetivos inmediatos, accesibles según las reglas particulares de cada esfera del universo social. Se dio paso, entonces, al fin de la llamada sociedad tradicional, en la que la religión inspiraba la visión de mundo y proporcionaba un fundamento trascendente para los valores y las estructuras sociales.

En la órbita secular, la afirmación de la libertad individual frente a la autoridad absoluta del Estado y de la Iglesia –sobre todo a través de la constitución del *Estado democrático de derecho*– se enraíza en una nueva autocomprensión del ser humano. Este, en efecto, pasa a atribuir el fundamento de su existencia y de todo el universo, no ya a un poder superior, trascendente y divino, sino a la realidad inmanente centrada en la naturaleza y la razón. La modernidad, como fenómeno

---

[3] DÍAZ. *La religión y los "maestros de la sospecha"*, p. 195.

histórico-cultural, va de la mano con la secularización y esta representa la inversión del principio y del fundamento de toda realidad, moviéndose en el terreno del *antropocentrismo racionalista*, que absolutiza al sujeto y estrecha el horizonte de la trascendencia[4].

En este contexto, la emancipación sociocultural tendría como resultado la desaparición no solo de la religión a nivel social, sino también de toda práctica y creencia religiosas a nivel individual. Eso quiere decir que el debilitamiento de la visión trascendente de la existencia –traducido en la indiferencia religiosa y en el ateísmo teórico y práctico– afectaría no solo a las instituciones religiosas, sino a la actitud religiosa como tal. Encastillado en la pura inmanencia, el hombre moderno se bastaría a sí mismo, erigiéndose como la medida y el fin de todo (*radicalismo antropocéntrico*).

Detrás de ese proceso, late también la convicción de que cuanto más moderna es una sociedad, más secularizada y menos religiosa tiene que ser su población. En resumidas cuentas, la pérdida de la relevancia social de la religión institucional implicaría también la pérdida de significación tanto pública como privada de la creencia, por lo que el objetivo del desarrollo de la sociedad sería el olvido de Dios, la supresión de la religión y la absolutización de la inmanencia[5].

Entre los siglos XIX y XX, se ha realzado mucho la *crítica ilustrada de la religión*, protagonizada por los

---

[4] Cf. MAC DOWELL, João Augusto. Secularização. In: SÍVERES, Luís; NODARI, Paulo César (ed.). *Dicionário de Cultura de Paz*. Vol. 2. Curitiba: CRV, 2021, pp. 447-452.

[5] Nos servimos aquí de muchas ideas contenidas en este sustancioso estudio: BERMEJO, Diego. El "retorno de Dios" en la condición postmoderna, postmetafísica y globalizada. In: BERMEJO, Diego (ed.). *¿Dios a la vista?* Madrid: Dykinson, 2013, pp. 24-55.

maestros de la sospecha y sus secuaces (Feuerbach, Nietzsche, Marx, Comte, Freud, etc.)[6]. Esa crítica se apoya básicamente sobre tres presupuestos: la religión correspondería a una *etapa primitiva y pre-racional en la evolución de la humanidad*, destinada a ser superada por la *razón*; la religión se confundiría con un *poder opresivo para someter y tutelar las conciencias*, siendo que tal poder habría de ser superado por la *democracia*; y la idea de Dios se presentaría como *alienación del hombre y proyección de sus deseos en un mundo ilusorio*, debiendo ser superada por la *autorrealización humana* o por la *sociedad sin clases*.

Queda claro, pues, que las tres posturas expresan una comprensión distorsionada y peyorativa de la religión, vista como *superstición irracional, poder autoritario y aniquilamiento humano*. En este escenario, la *"muerte de Dios"* aparece como la condición de posibilidad de la emancipación del ser humano y de la superación de la religión como un imperativo teórico, ético e histórico.

Las consecuencias de esa mentalidad son sobradamente conocidas: el *agnosticismo* o el *ateísmo* como afirmación del poderío absoluto de la razón y de la ciencia en detrimento de la revelación como fuente de conocimiento, o sea, el *conflicto entre razón y fe* y el *rechazo del teocentrismo*; el *anticlericalismo* como defensa de la autonomía y superación de la heteronomía, con el consi-

---

[6] Díaz Murugarren defiende que estos pensadores interpretan a Dios y la religión en función del hombre. Por eso, más que ateos, habría que considerarles antropo-teístas. En efecto, *"buscan la 'afirmación del hombre' de una manera directa y en su camino se encuentran con la 'negación de Dios'. Esto, en principio, nos hace dudar un poco de la radicalidad de su ateísmo"* (*La religión y los "maestros de la sospecha"*, p. 193).

guiente desprecio de la mediación eclesial, por lo que se deflagra el *conflicto Iglesia y Estado* y el *rechazo del teocratismo*; y el *secularismo* como valoración del progreso de la historia, cuyos resultados son el *conflicto salvación* versus *utopía* y el *rechazo del escatologismo*.

Se desencadenan, entonces, tres formas de secularismo: el *epistemológico*, que entiende la modernidad como superación de la *religión irracional*; el *historicista-teleológico*, que interpreta la modernidad como superación de la *religión obsoleta*; y el *político*, que proyecta la modernidad como superación de la religión *antidemocrática*.

Así, por primera vez en la historia de la humanidad, la religión no sería necesaria para explicar el mundo físico, ni para construir la convivencia política, ni para fundamentar la moral[7]. Más que superflua, la religión sería un peligro que eliminar, con el fin de proponer el secularismo como la única teoría explicativa de la racionalidad, de la historia, de la realidad y de la misma religión.

Tal fenómeno, característico de la modernidad, fue descrito sin paliativos por pensadores de reconocido calibre, con expresiones contundentes: *"eclipse de Dios"* (M. Buber), *"falta de Dios"* (M. Heidegger), *"muerte de Dios"* (T. Altizer), *"ocultamiento de Dios"* (J. Sudbrack) o aún *"lejanía de Dios"* (K. Rahner). Vale decir que los términos *eclipse, falta, ocultamiento, lejanía, ausencia*, aquí aplicados a Dios, no quieren expresar un designio o una disposición de su parte, sino la lectura de una negación impuesta culturalmente.

---

[7] No faltan autores que sostienen que, en la historia de la humanidad, la sociedad moderna es la primera que no basa su visión de mundo en lo sagrado (Cf. MAC DOWELL. Secularização, p. 448).

En el mundo secularista, cuando se habla de Dios, se hace como si se tratara de una idea fosilizada, una palabra inocua, un recuerdo de la fe de antaño, un discurso privado de significado real y de relevancia concreta. Tal punto de vista no tiene en cuenta lo que un experto resume con palabras lapidarias al enfatizar *"la cuestión que Dios representa para la búsqueda humana como una pregunta que abre a una visión del mundo y de la realidad más allá de lo obvio y de lo conocido"*. Y añade que, en el espectro de la indiferencia, *"más que la muerte de Dios, preocupa la muerte del problema que Dios representa para la historia de todo hombre y de toda mujer"*[8].

Esa mentalidad, que afirma tajantemente la superioridad del secularismo, influenció las estructuras sociales, políticas y culturales, privatizando las instituciones eclesiásticas, marginando las creencias religiosas y excluyendo de la esfera pública la contribución de la religión considerada inútil y anquilosada. De ahí proviene, por ejemplo, la afirmación de que Europa habría experimentado una *conversión al secularismo como ideología y cosmovisión*. Y, lo que es más grave, ese desarrollo se pretendería universalmente normativo. Desde esa óptica,

"ser secular significa dejar atrás la religión, emanciparse de la religión, superar las formas no racionales de ser, pensar y sentir asociadas con la religión. Secular significa además crecer, devenir maduro y autónomo, pensar y actuar por uno mismo"[9].

---

[8] DOTOLO. *Dio, sorpresa per la storia*, p. 19.

[9] BERMEJO. El "retorno de Dios" en la condición postmoderna, postmetafísica y globalizada, p. 27. En este sentido, aclara Dotolo: *"La ideología de un alejamiento hasta la expulsión de la dimensión religiosa en los circuitos de la historia ha producido efectivamente una congrua crítica de las derivas de la religión, pero no ha captado la aportación constructiva al camino de la maduración humana por parte del cristianismo"* (Dio, sorpresa per la storia, p. 28).

En su espantoso simplismo antropológico y sociológico, la ideología clásica de la secularización sostiene el cliché según el cual los que se adhieren a la visión secular pensarían y actuarían por sí mismos, porque son agentes racionales, autónomos y libres. En cambio, los creyentes, por el mismo hecho de creer, serían irracionales, heterónomos y sumisos. En otros términos, la creencia es interpretada como ignorancia, debilidad, neurosis, inmadurez, como si la lucidez intelectual y la bondad moral fueran privilegios o despliegues de la mentalidad secularista.

En este panorama, se habla a menudo del tránsito de una *sociedad cristiana*, en la que la fe era incuestionada, hacia una *sociedad postcristiana*, en la que la fe reclama una justificación racional y social[10]. Así, se plantea el secularismo como la opción normal de la vida moderna, sin necesidad de ninguna explicación.

Habiendo llegado a este punto, ayudará tener en cuenta esta perspicaz constatación de C. Boff: "*Es hoy lugar-común, vehiculado por la* intelligentsia *moderna y aceptado en buena parte también por la* intelligentsia *cristiana, decir que la sociedad moderna es esencialmente laica y que ella prescinde de cualquier trascendente*". Sin embargo, hay que reconocer que "*eso no pasa de un cliché cultural. Por más ampliamente que sea admitido, es claramente refutado por una situación concreta, de dimensión y significado enormes: la persistencia maciza de la religión en las sociedades modernas, siendo la irreligión un hecho de*

---

[10] Según el análisis de no pocos expertos, "*estamos entrando en una era post-cristiana. De hecho, es fácil constatar la pérdida creciente de la 'memoria y la herencia cristiana'. Cada vez son más los que ignoran el hecho cristiano, incluso como fenómeno histórico y cultural. Se desmorona delante de nuestros propios ojos un proyecto que ha tenido siglos de vigencia*" (MAYA. La transmisión de la fe, hoy, p. 220).

minorías"[11]. Y eso porque *"la relevancia de la religión no puede ser separada de su persistencia en la consciencia del hombre y de su rol histórico en la construcción social de la naturaleza humana"*[12]. En el siguiente apartado, profundizaremos el contenido de esa temática.

CRÍTICA A LA TEORÍA CLÁSICA DE LA SECULARIZACIÓN

Además de lo que se puede decir de la naturaleza misma de la religión y de su valor imprescindible para la configuración de lo humano, la formación de la cultura y la construcción de la sociedad, hay que subrayar que la irrupción religiosa que caracteriza nuestra época interpela seriamente la teoría clásica de la secularización, revelando su inconsistencia y ambigüedad[13]. La crítica estriba en los cambios históricos, culturales, sociales, políticos, filosóficos y religiosos que acompañan la postmodernidad.

De hecho, desconfiando de la absolutización de la razón y de su capacidad para dirigir la humanidad hacia estadios superiores de felicidad, la postmodernidad se propone rectificar el rumbo de la historia.

"La sospecha sobre los ideales de la modernidad es, sin duda, lo más característico del pensamiento postmoderno. Esa desconfianza es el quicio sobre el que giran las diversas oposiciones postmodernas a las cuestiones centrales de la modernidad"[14].

---

[11] *O livro do sentido.* Volume I: *crise e busca de sentido hoje* (parte crítico-analítica). São Paulo: Paulus, 2014, p. 425.

[12] FALK, R. apud DOTOLO. *Dio, sorpresa per la storia,* p. 32.

[13] Ver, BERMEJO. El "retorno de Dios" en la condición postmoderna, postmetafísica y globalizada, pp. 29-44.

[14] DÍAZ. *La religión y los "maestros de la sospecha",* p. 201.

Frente a la secularización, la postmodernidad ha reaccionado reclamando y promoviendo *"la vuelta a lo sagrado"*. Y ese talante se caracteriza por la crítica y el rechazo de la tesis que radicaliza y universaliza la secularización eurocéntrica, así como su pretensión de erigirse como la única clave interpretativa de la modernidad en toda su complejidad y amplitud.

Incluso desde el punto de vista sociológico, no tiene consistencia la afirmación de que *la modernización implica menoscabo de la religión*. Tal argumento no pasaría de una extrapolación arbitraria del modelo europeo de secularización, que no se reprodujo miméticamente a nivel global. Además, la modernización vio florecer, no solo el derecho a la increencia, sino también la pluralidad de expresiones religiosas. Eso se debe, en alguna medida, a la democratización de los estados, a la neutralidad del estado respecto a la religión, al reconocimiento de las libertades religiosas y a la liquidación de los exclusivismos de carácter religioso[15].

Se impone, por tanto, la constatación de que, históricamente, los procesos de modernización no han incluido necesariamente ni la desaparición de las instituciones religiosas, ni mucho menos el fenecimiento de la creencia. Además, en tiempos más recientes, sobre todo a partir de la segunda mitad del siglo XX, ha despuntado un sorprendente y polifacético brote de manifestaciones religiosas, aunque muchas de ellas se pre-

---

[15] *"Los observadores del panorama espiritual de nuestro mundo daban por hecho que la religión no tenía futuro alguno, pero el actual renacimiento de las vivencias religiosas parece desmentir esa tesis. Con otras palabras, nuestro mundo más que adoptar una postura radicalmente ateísta, lo que hace es generar una religión 'a su medida', es decir, con las características que brotan de la entraña de un mundo profundamente secularizado"* (DÍAZ. *La Religión y los Maestros de la sospecha*, p. 189).

senten superficiales e inconsistentes, como plantas raquíticas que brotan en terreno árido e inhóspito.

Globalmente lo que se verifica es que el llamado modelo norteamericano –*modernización con religión*– se va extendiendo y universalizando cada vez más. Tal modelo pone de relieve la capacidad de adaptación de la experiencia religiosa y la diversificación de sus formas en distintos contextos socioculturales, lo que no deja de suscitar cuestionamientos y preocupaciones.

No cabe duda de que –así como el proceso secularizador en Occidente avanzó como una reacción de la modernidad al monopolio del sistema de mediación entre el Trascendente y el mundo, sistema antes protagonizado únicamente por la Iglesia Católica– ahora, lo que prevalece es el intento de eliminar la dicotomía entre lo religioso y lo secular, valorando la autonomía de las *realidades terrestres* y la dinámica secularizadora.

Para la teología cristiana, por ejemplo, respaldada en el Concilio Vaticano II[16], la secularización, como *autonomía relativa* de las distintas esferas de la vida social (*laicidad*), no es incompatible con la fe, pero no como *autonomía absoluta*, mediante una concepción meramente inmanente de la existencia y del mundo (*laicismo*). De cualquier manera, la interacción entre la religión y la sociedad requiere una particular atención por todo lo que eso acarrea, particularmente por el riesgo de una cierta asimilación o conformación –acrítica, pasiva o de simple conveniencia– de los grupos religiosos a los imperativos secularistas, incluida la tendencia a

---

[16] Ver, por ejemplo: Constitución pastoral *Gaudium et spes*, n. 36; y Decreto *Christus Dominus*, n. 12.

vaciar el contenido trascendente de su propuesta hasta el punto de ver diluirse la propia identidad[17].

A nadie se le escapa que la secularización desplazó a la religión de la esfera pública a la esfera privada, favoreciendo la *subjetivización de lo religioso*. Se trata, pues, de una tendencia marcadamente moderna, la misma que propugnó el individualismo ético, el solipsismo racionalista, el narcisismo hedonista, la fragmentación del sujeto, etc. La tradición ha perdido autoridad. Ya no se puede dar como evidente lo que era o fue creído, aceptado, vivido y practicado anteriormente. De ahí surgió la necesidad de subrayar la distinción entre la institución religiosa y la creencia individual. Aquí nos encontramos ante un rasgo característico de la *metamorfosis de lo religioso* desencadenada en el seno de la secularización: la privatización de la creencia que, al desplazar lo sagrado a la intimidad, sacraliza al individuo y desacraliza las instituciones.

Se quiebra, entonces, la unidad entre la religión y lo religioso, ensalzando la relación con un Dios marcadamente (y a menudo exclusivamente) personal. Ser religioso ya no implica necesariamente formar parte de un grupo o institución, sino que supone básicamente una actitud con respecto a las cuestiones existenciales del ser humano insertado en la historia, sin sentirse obligado a una referencia explícita a la dimensión propiamente trascendente.

En este campo, las modalidades son las más variadas, muchas de ellas con acentos fuertemente degenerados o, al menos, nítidamente cuestionables: la anomia religiosa, el sincretismo, el eclecticismo, el neomisticismo, el neognosticismo, etc.; en muchos casos, se sacraliza a lo

---

[17] Cf. MAC DOWELL. *Secularização*, pp. 449-450.

profano con miras a desarrollar lo que se ha denominado *"espiritualidad atea"* (Comte-Sponville).

En efecto, muchas de las nuevas formas de religiosidad –frecuentemente contaminadas por el individualismo postmoderno de corte hedonista y utilitario– desvirtúan la actitud del hombre esencialmente religioso, definida por el asentimiento pleno de la inteligencia y de la voluntad al Dios de la vida, que nos quiere libres y felices, capaces de dar y recibir amor[18]. Al volverse a la satisfacción subjetiva de los sentimientos de ansiedad e inseguridad, poniendo a Dios al servicio de los intereses humanos, tales manifestaciones no corresponderían a una experiencia religiosa que merezca este nombre. Lo mismo ocurre con la pertenencia religiosa puramente convencional, sin incidencia en la vida y sin compromiso efectivo.

Un autor describe así la compleja situación religiosa de nuestros días:

"Hoy podemos observar diferentes formas de fe, de indiferencia y de increencia. Podemos encontrarnos con creyentes piadosos y con gente indiferente desinteresada totalmente de lo religioso, con ateos convencidos y con personas escépticas de actitud agnóstica, con adeptos a nuevas religiones y movimientos, con personas que desean creer y no aciertan a descubrir un camino, con sectores que creen vagamente en 'algo', con individuos sincretistas que viven 'una religión a la carta' para su uso particular, con personas que no saben bien si creen o no creen, gente que cree en Dios sin amarlo, personas que

---

[18] Hay que reconocer que *"la atmósfera condensada en el espacio postsecular ha inaugurado una estación cultural determinada por una metamorfosis de la concepción de Dios o, al menos, de ciertos modelos que parecerían inadecuados a la búsqueda del homo religiosus que cohabita con el deseo secular de espiritualidad"* (DOTOLO. *Dio, sorpresa per la storia*, p. 228).

oran sin saber muy bien a quién se dirigen, gente
que cree a los que le hablan de Dios (...)"[19].

Por otra parte, no faltan estudiosos de la secularización que señalan el hecho de que, al perder el protagonismo en los diversos ámbitos de la vida pública y privada, la religión se liberó del peso de tener que abarcar todo lo que es la cultura, la política, la sociedad, la ciencia, etc., pudiendo, en adelante, dedicarse a la dimensión propiamente simbólica o espiritual, es decir, a despertar, cultivar, ejercitar y celebrar el impulso de trascendencia que habita el ser humano y que le regala un horizonte de sentido, una inspiración para sus relaciones y una baliza para su empeño ético.

En efecto, al asumir lo que la define sustancialmente (la trascendencia), la religión puede desplegar con más solidez y vitalidad su potencial civilizador y contribuir al bien común mediante consensos en torno a principios y valores de inaplazable importancia, tales como la justicia, la compasión, la solidaridad, la paz, el perdón, el cuidado, etc. Por ello, se mantiene siempre pujante la percepción de que no puede haber un mundo mejor, más humano y solidario sin el singular aporte de las religiones. Hay que tener presente que

"Dios y la religión representan un horizonte de sentido
más amplio que nos invita a alejarnos de una
estética del yo y de una filantropía vulnerable a
las modas para trabajar en un proceso educativo
que ayude al hombre a descentrarse de sí mismo,
sabiendo que su dignidad ética reside precisamente
en la tensión de la superación del yo"[20].

---

[19] MAYA. La transmisión de la fe, hoy, pp. 222-223.
[20] DOTOLO. *Dio, sorpresa per la storia,* p. 43.

Todo lo expuesto lleva a creer que no vivimos en una época predominantemente secularista, ni mucho menos que la sociedad moderna camina bajo el signo de la *"muerte de Dios"*[21]. La mayoría de la población mundial (85%) cultiva alguna experiencia religiosa, en distintos grados, medidas y tonalidades, pese a sus fragmentaciones e incoherencias, siempre necesitadas de correcciones y mejoras.

Con todo, no se puede negar que, en todo ese revuelto y desordenado movimiento espiritual, se refleja una inquieta búsqueda de sentido, vigor y esperanza, una incontenible sed de trascendencia. No hay duda, por otra parte, de que la cultura laicista de las élites, hegemónica por dominar el mundo académico y las comunicaciones, sacude y debilita la experiencia religiosa de las personas en general. El efecto llega a ser devastador cuando las minorías laicistas e incluso ateas asumen el poder y lo utilizan como una forma de imposición ideológica (ya sea de derecha o de izquierda).

Sin embargo, la reacción postmoderna a la influencia secularista hace prevalecer la sensibilidad espiritual y religiosa, aunque bajo formas confusas y, en muchos casos, gravemente distorsionadas, algunas incluso contrarias al espíritu propiamente religioso (pensemos, por ejemplo, en aquellas que tienden a los extremos del fundamentalismo o de un cierto laxismo desprovisto de referentes morales). En todo caso, nos encontramos ante lo que se suele llamar el *"retorno de lo religioso"*, entendido al menos como el redescubrimiento de la insoslayable orientación del

---

[21] Cf. BOFF. *O livro do sentido I*, pp. 109-134.

ser humano hacia el Absoluto y de la positividad de la vida espiritual.

Dicho más claramente, la persistencia de la religión corresponde a una instancia de equilibrio del sistema sociocultural y se contrapone a la tesis de la inadecuación de la experiencia religiosa a la maduración de la condición humana y de sus interacciones. Al fin y al cabo, eso quiere decir que el impulso de trascendencia, el instinto religioso o la sed de espiritualidad es mucho más fuerte que cualquier pretensión secularista.

"El renovado interés espiritual de nuestra época brota de profundas exigencias de autenticidad, de dimensión religiosa, de interioridad y libertad, que no satisface la sociedad consumista (...). El hombre de hoy rompe la coraza represiva que le impone la sociedad, blandiendo las aspiraciones más radicalmente insertas en su ser"[22].

A fin de cuentas, vemos despuntar una nueva comprensión de la modernidad en lo que se refiere al tema de la secularización cerrada, de corte inmanentista. Se postula una nueva abertura a la dimensión trascendental o espiritual de la existencia, latente y esparcida en una enorme pluralidad de expresiones religiosas, muchas de ellas, es cierto, necesitadas de grandes y profundas adecuaciones y perfeccionamientos para llegar a ser y aportar lo que pretenden y proponen.

De cualquier modo, la tendencia más significativa de los tiempos actuales es la progresiva superación del secularismo por una cultura del espíritu y del sentido, al menos como sed y búsqueda.

---

[22] DE FIORES. Espiritualidad contemporánea, p. 618.

LA PERVIVENCIA DE LA EXPERIENCIA RELIGIOSA

Nadie ignora la influencia que el elemento religioso sigue ejerciendo en la vida de un sinnúmero de personas, como una realidad ambivalente por las motivaciones que la acompañan, pero también pertinente y estimulante para una cantidad no despreciable de individuos, colectivos y culturas. *"En realidad, pese a las sombrías previsiones del fin de la religión, nuestro tiempo está lleno de movimientos espirituales que demuestran la vitalidad del sentido religioso en el mundo actual"*[1]. Además de una innegable pervivencia de lo religioso, se constata también un renovado *"apetito espiritual"* (C. Taylor), que se expresa de varias formas y converge en la búsqueda del sentido global y unificador de la vida cuando se intuye el misterio que la envuelve. Tal realidad no da pie a la afirmación de una secularización absoluta de la mentalidad, la sensibilidad y la praxis que configuran la cultura occidental vigente. Veamos algunos datos de alcance mundial[2]:

---

[1] DE FIORES. Espiritualidad contemporánea, p. 618.

[2] Cf. BERMEJO. El "retorno de Dios" en la condición postmoderna, postmetafísica y globalizada, pp. 15-24.

- Se nota una creciente *presencia social* de las religiones tradicionales, debido sobre todo a factores: *demográficos*: aumento del contingente de personas que creen y de las tasas de natalidad entre ellas; *identitarios*: reafirmación del carácter cultural de la religión, reacción a la pérdida de las tradiciones y resistencia a la influencia de prácticas religiosas traídas por las migraciones; *políticos*: exigencia de la presencia de las religiones en la esfera pública y sus aportaciones a los rumbos de la sociedad; *éticos*: diversidad de presupuestos morales provenientes de las distintas religiones actuando en la vida social; *mediáticos*: notable ampliación de la incidencia de las religiones a través de las nuevas tecnologías; *existenciales*: el recurso a los ritos, los símbolos y las ceremonias en momentos significativos de la vida (sacramentos, bendiciones, funerales, peregrinaciones, turismo, etc.); *asistenciales*: sensibilización altruista, iniciativas de solidaridad y prácticas de voluntariado impulsadas por la experiencia religiosa; y *ecológicos*: concientización y compromiso con la defensa y el cuidado de los bienes naturales.

- Desde el punto de vista *geográfico*, los estudios señalan el incremento de la vivencia religiosa en algunos países tras la caída del comunismo ateo: Rusia, Este Europeo, Japón, China, etc.; en Estados Unidos, la recuperación de las tradiciones confesionales y el fortalecimiento del catolicismo con el flujo migratorio de latinoamericanos; el resurgimiento de las sectas en muchos de los mencionados países; el florecimiento del evangelismo y del pentecostalismo en América Latina. A un nivel más global, se verifica el reavivamiento de integrismos y de fundamentalismos en el seno de las diferentes religiones, así como el aumento del número de afiliaciones religiosas, excepto en Europa, donde se ve un índice más elevado de secularismo, privatización, indiferencia y ateísmo, aunque se mantiene la creencia en torno al 50%, además de la posibilidad de una *desecularización* debida sobre todo a los efectos de la inmigración.

• En el ámbito *político* –pese a las contraposiciones y degeneraciones con respecto a lo que es característico y definidor de una auténtica experiencia religiosa– el factor religioso se muestra patente en las distintas formas de fundamentalismo, en los conflictos bélicos de tono confesional; en las persecuciones a personas y grupos en razón de su identidad; en el activismo político de partidos religiosos que postulan un puesto en el ordenamiento social; en teologías políticas conservadoras o liberadoras que propugnan el carácter sociotransformador de la creencia; en los recios debates sobre la relación entre el estado laico y la sociedad religiosamente plural, o sea, la tensión entre la neutralidad religiosa del estado y la regulación equitativa de los diversos cultos.

• En el mundo de la *cultura*, vemos la actualidad y el enriquecimiento del debate entre: religión y ciencia (creacionismo y evolucionismo), razón y fe (racionalismo y fideísmo), política y religión (laicismo y confesionalidad, democracia y pluralismo), ateísmo y teísmo (existencia e inexistencia de Dios); la revisión filosófica de la secularización; la admisión de la pervivencia de la religión; la proliferación de cultos profanos, que a lo mejor delatan la sed de absoluto que late en el ser humano, aunque se revistan de modalidades inconciliables con la comprensión tradicional de religión; el éxito de la literatura religiosa (la Biblia y el Corán siguen siendo los libros más leídos y editados del mundo); la aparición de sectas y nuevos movimientos supuestamente religiosos o con matices religiosos (vivencias espirituales que combinan psicología, salud, música, tecnología, física cuántica, ecología, desarrollo mental, arte, etc.); el cine postmoderno que promueve un cambio de sensibilidad en el tratamiento de temas religiosos; la pretensión de la psicología (humanista, transpersonal, logoterapia, eneagrama, etc.) de resaltar los efectos benéficos de la creencia para la salud psicosomática, la vida feliz y la muerte serena y la reafirmación de la dimensión espiritual como componente para la integración personal y el bienestar social, más allá de las críticas que acentúan los riesgos de neurosis y alienación religiosas.

En efecto, si se interpreta la cultura en sentido antropológico, como el complejo unitario que incluye las dimensiones constitutivas de la existencia, de las relaciones y del actuar del ser humano inserto en una sociedad, está claro que no se puede extraer de ella la experiencia religiosa sin condenar la propia cultura a la incomprensión, ya sea en sí misma o en sus variables históricas[3].

---

[3] Cf. DE FIORES. Espiritualidad contemporánea, p. 622.

La negación de los valores propiamente religiosos –como componentes de la identidad profunda del ser humano y como factor social y cultural vinculante– crea un vacío interior o una frustración existencial derivada del oscurecimiento del sentido de la vida, aparte de privar a la sociedad de una baliza de imperativos éticos de comprobada solidez.

TENDENCIAS QUE ACOMPAÑAN A LA EVOLUCIÓN DE LA CREENCIA

En escala mundial, generalmente, se mantiene el proceso de secularización como fruto de la modernización y la occidentalización. Su visión inmanentista del mundo es muy conocida, así como son múltiples los modelos de asimilación de sus concepciones respecto a la vida, la historia, la religión, la ciencia, la economía, la democracia, los derechos humanos, etc. En este contexto, se verifica fácilmente que hubo una quiebra de la transmisión religiosa tal y como venía operándose en situaciones de predominio de lo religioso sobre lo social y lo cultural, al igual que se nota una pérdida de credibilidad en las instituciones como garantes autorizadas de los contenidos transmitidos y de su carácter normativo[4].

A nivel mundial, se distinguen dos modelos:

a) Un modelo más severo, como el que prevalece en el *contexto europeo* en general. Se define por el declinar de la institución religiosa, es decir, de su pre-

---

[4] Cf. MAYA. La transmisión de la fe, hoy, pp. 232-233.

sencia social, del número de sus afiliaciones, de la frecuencia a sus cultos, de su relevancia cultural, de su influencia política, de sus evocaciones artísticas.

No faltan autores que llaman la atención sobre el hecho de que la religión en Europa ocupa un lugar cada vez menor en la vida cotidiana de las personas, restringiéndose a momentos cruciales (nacimiento, muerte, boda, etc.), pero sin interferencia en la organización de la vida cotidiana. Por un lado, aumentan el ateísmo y la indiferencia; por otro, van surgiendo y consolidándose otros fenómenos, como la individuación de la creencia sin pertenencia, sin credo, sin compromiso; y el pluralismo confesional, debido sobre todo a la actuación de religiones y sectas traídas por las inmigraciones con expectativas de crecimiento debido a la mayor fertilidad de las parejas de adeptos.

A causa de la pérdida del predominio cristiano y de la dilatación de la diversidad religiosa, hay autores que consideran que Europa es ya *post-cristiana* (aunque social y culturalmente sigue siendo mayoritariamente cristiana), no pudiendo, empero, afirmar que sea ya *post-secular*, aunque haya indicios que apuntan en esa dirección[5].

Aparte de eso, se prevé la ampliación de la presencia pública de las religiones en las democracias europeas, lo que representa un reto para el modelo laicista vigente: garantizar tanto la neutralidad religiosa del Estado como también la equitativa

---

5 Ver, por ejemplo: BERMEJO. El "retorno de Dios" en la condición postmoderna, postmetafísica y globalizada, p. 21.

protección de los derechos religiosos (libertad de conciencia, de expresión y de culto) en una amplia variedad de confesiones.

b) El modelo que se difundió sobre todo en el *contexto norteamericano* y que comprende tanto la distinción religión-estado (secularización institucional) como los resurgimientos religiosos (por ejemplo, los que son facilitados por la inmigración de latinoamericanos). Favorece así la convivencia entre modernización estructural, secularización institucional y pluralismo confesional. El rol y las aportaciones de las instituciones religiosas suelen ser reconocidos y valorados como factores relevantes en la construcción de las bases éticas de la sociedad en su conjunto. En efecto, a lo largo de su historia, religión y democracia se han alimentado recíprocamente, pero no sin problemas y ambigüedades.

Sea como fuere, ninguno de esos modelos puede trasladarse sin reparos al resto del mundo, especialmente a los países no-occidentales, donde el grado y el tipo de secularización son determinados por las dinámicas propias de cada contexto.

En resumidas cuentas, en lugar de desaparecer, las religiones experimentan hoy cambios sustanciales y a menudo discrepantes, muchos de ellos radicalmente confusos y antagónicos: la *individuación* o personalización de la creencia bajo diversas formas: fundamentalismo, misticismo, *"religión a la carta"*, sincretismo, etc.; a nivel comunitario, integrismos en las confesiones tradicionales, la liberalización de la pertenencia, la multipertenencia migratoria, etc.; a nivel global, la irradiación por las redes de comunicación, las nuevas formas de proselitismo, la absolutización de la particularidad confesional, los extremismos beligerantes, el creciente pluralismo, la tolerancia de la diversidad, la colaboración en favor de la paz mundial, el incremento de un cosmopolitismo religioso de base humanista y ortopráxico, centrado en cuestiones de justicia, solidaridad, ecología, etc.

Lo cierto es que nadie puede negar que sigue habiendo una búsqueda más o menos convencida de la experiencia religiosa o de la espiritualidad en nuestros días, aunque de manera fluctuante, sin preocupación con fundamentos sólidos, identidades definitivas, lealtades duraderas, lógicas internas, normas que observar y mandamientos que seguir[6].

Prevalece la religiosidad moldeada según los sentimientos, intereses y conveniencias subjetivas. Despuntan, por consiguiente, muchas manifestaciones pseudoreligiosas que, en realidad, no son capaces de romper el círculo cerrado de la inmanencia, quedándose frecuentemente en el nivel más superficial de las inseguridades y proyecciones humanas. Ahora bien, lo que sostiene este mosaico de anhelos, pretensiones

---

[6] Como subraya un autor ya citado: *"Se observa también que la fe religiosa es cada vez menos definida y más fluctuante. La adhesión a una religión es cada vez menos firme y más abierta a posibles combinaciones. La gente se siente cada vez menos obligada a dar cuenta de sus referencias o actitudes religiosas. Se puede creer sin pertenecer institucionalmente a una Iglesia, cada vez se acepta menos la imposición de las creencias, normas éticas o prácticas cultuales por parte de una institución. Por ello, asistimos a una especie de diseminación de lo religioso. Cada uno se busca sus fuentes y referencias, y se elabora su propia posición religiosa: 'bricolaje religioso', 'religión a la carta', 'religión de supermercado'"* (MAYA. La transmisión de la fe, hoy, p. 224).

y vivencias –a menudo tan dispares e inconsistentes– es el cimiento de una no siempre nombrada carencia espiritual o de aquella sed de trascendencia que grita en el interior del hombre permanentemente insatisfecho porque ontológicamente destinado a ser más.

¿UNA NUEVA PRIMAVERA ESPIRITUAL?

Desde el punto de vista descrito arriba, algunos autores hablan de una *"reconquista de la espiritualidad"* en la sociedad contemporánea, una realidad latente en muchos aspectos vitales: en una flagrante sensibilidad hacia la dimensión trascendental de las experiencias humanas y de la existencia en su totalidad; en el cultivo del altruismo y de la solidaridad efectiva hacia los demás, especialmente los más vulnerables; en el desarrollo del sentido estético (la apreciación del arte en sus diferentes expresiones); en el interés por la meditación y prácticas similares (con énfasis en las oriundas del Oriente); en la floración de movimientos religiosos (sobre todo en las Iglesias cristianas), ya sea con fuerte carga emocional, sea con acentuación sociotransformadora, sea con fuerte arraigo doctrinal; en la convicción de estar proyectados a una vida superior; etc. Es la verificación práctica de que

"ser hombre significa también saber escuchar el misterio de las cosas, contemplar la realidad, encontrar la unidad con la naturaleza y con el hombre, reflexionar sobre el sentido de la vida a través de gestos y ritos simbólicos"[7].

---

[7] GEVAERT, J. apud DE FIORES. Espiritualidad contemporánea, p. 621.

Dicho de otro modo, el rebrote religioso, a pesar de sus graves distorsiones, traduce una resistencia y una protesta del corazón humano ante un clima social y cultural asfixiante, olvidado de preguntarse por su origen y su destino. Los nuevos movimientos religiosos revelarían así la apertura básica de lo humano a Algo o Alguien que nos dignifica, fascina y sobrepasa, a aquel a quien la fe cristiana reconoce y adora como el Dios y Padre de Jesucristo y nuestro[8].
El fenómeno religioso contemporáneo es complejo, polivalente y ambiguo. Con todo, no hay duda de que todo ello deja constancia de la invencible vitalidad de la dimensión espiritual como eje y faro de la existencia. Sin espiritualidad, resta al hombre una vida huérfana y opaca, sin amparo y sin calor. De hecho, la indiferencia ante el Misterio no combina con lo que hay de más noble, apremiante y pacificador en la interioridad humana:

---

[8] No será demasiado citar aquí el ejemplo de la Comunidad ecuménica de Taizé (Francia) que, regularmente, acoge multitudes de jóvenes y adultos de todo el mundo y de distintas confesiones religiosas para encuentros de oración, además de promover encuentros semejantes en otros países de los cinco continentes, las llamadas *Jornadas de la Confianza*. Unos y otros se centran sobre todo en ejercicios de contemplación a la luz de la Sagrada Escritura, enriquecidos por refranes sencillos y harmoniosos que favorecen la meditación silenciosa. Además de una profunda experiencia de Dios, estos encuentros se definen por la vivencia de la comunión y la fraternidad entre los participantes, por la escucha y el compartir, así como por el fuerte incentivo a la compasión y la solidaridad ante las necesidades, sufrimientos y esperanzas de la humanidad. Son del fundador de la Comunidad, el Hermano Roger Schütz (1915-2005), estas palabras: *"Frecuentemente, los jóvenes me dicen: 'Yo no sé rezar'. Me gustaría responder a cada uno: 'Si hay en ti el humilde deseo de amar a Dios, eso te basta, porque el simple deseo de Dios es ya el comienzo de la fe, el comienzo de una vida de comunión con Dios. Él vendrá a ti tal vez como la sensación de una presencia, pero si esa sensación no viene, no te inquietes. Hay también momentos en la existencia en los que se apaga la consciencia de la presencia de Dios. Y, sin embargo, él está ahí, incluso cuando no se le puede presentar"* (Choisir d'aimer. Taizé: Atelier et Presses, 2006, pp. 56-57).

"Hoy día se considera que la espiritualidad debe atribuirse a todo hombre que esté abierto al misterio y vive según sus verdaderas dimensiones. La espiritualidad se contempla desde una perspectiva antropológica; es la prerrogativa de las personas auténticas que de cara a lo real y a la historia han verificado una elección axiológica decisiva, fundamental y unificante, capaz de dar sentido definitivo a la existencia" [9].

Así pues, el reflorecimiento espiritual de nuestra época apela a la necesidad de una revisión de la tesis clásica de la secularización, puesto que más modernidad no implica necesariamente menos religión. Tal revisión, a su vez, requiere la inclusión de una perspectiva plural que posibilite un análisis objetivo y apropiado de los distintos rostros de la modernización y de la secularización, así como el replanteamiento de la legitimidad y de la justificación teórica y práctica de la religión en esta sociedad considerada por muchos como *postmoderna, postmetafísica, postcristiana* y *postsecular* [10].

En síntesis, ya no se sustentan ni la interpretación antimoderna que postulaba el regreso triunfal de la religión tradicional, ni mucho menos la interpreta-

---

[9] DE FIORES. *Espiritualidad contemporánea*, p. 627.

[10] Nadie menos que J. Habermas quiso subrayar: *"Por lo que respecta al adjetivo 'postsecular', me gustaría decir de entrada que no se trata de un predicado genealógico, sino sociológico. Utilizo esta expresión para describir a las sociedades modernas que, aun permaneciendo secularizadas, tienen que admitir la persistencia (y la relevancia perdurable) de las comunidades y tradiciones religiosas. Postsecular no es la sociedad en sí misma, sino el cambio de mentalidad que se ha producido en ella. De ello se deduce que postseculares sólo pueden llegar a serlo las sociedades que ya son, por su parte, intrínsecamente secularizadas. De ahí el malentendido. Las expresiones postsecular y postmetafísica designan ambas una cesura en la evolución de la mentalidad"* (apud DOTOLO. *Dio, sorpresa per la storia*, pp. 37-38).

ción antirreligiosa que afirmaba el triunfo final de la secularización. En nuestros días, la reflexión teológica entiende y asume la secularización y el fenómeno religioso desde una perspectiva inclusiva, discernida y articulada, con el objetivo de adoptar un *principio hermenéutico* que favorezca la adecuada comprensión del ser humano y del mundo de hoy y de sus inquietudes y anhelos más profundos y determinantes[11].

Como subraya C. Boff, las religiones desempeñan un papel de primera grandeza y necesidad en la ardua tarea de ayudar a las personas a descubrir el sentido más profundo de la vida y de la historia, de tal modo que puedan vivir y actuar a la luz de ese sentido intuido y contemplado bajo la inspiración de una legítima experiencia espiritual. En otros términos, la razón de ser de las religiones, por el mismo hecho de ser vías de acceso al Trascendente, consiste en poner de manifiesto el sentido objetivo de la vida y ayudar a caminar hacia él. Cuando no lo hacen, pierden el sentido para el cual existen, reduciéndose a una mera institución social[12].

P. Tillich se pone en la misma perspectiva al afirmar que *"ser religioso significa andar apasionadamente en busca del sentido de la vida y mantenerse abierto también a las respuestas que pueden conmovernos profundamente"*[13]. Y eso porque la consistencia definitiva de la vida se encuentra en la dirección de aquella misteriosa realidad que está en el origen y en el fin de

---

[11] Cf. DOTOLO. *Dio, sorpresa per la storia*, pp. 58-60.
[12] Cf. BOFF. *O livro do sentido I*, pp. 551-552.
[13] Apud DE FIORES. Espiritualidad contemporánea, p. 628.

toda existencia: el Dios de la vida y del amor, que dirige a la persona humana una irresistible llamada a la comunión, a la libertad y a la plenitud. Y es precisamente en ese marco espiritual donde los anhelos, búsquedas y vivencias religiosas pueden purificarse, consolidarse y perfeccionarse incesantemente, puesto que, como asevera T. Merton, *"sin aspiraciones verdaderas y profundas, sin un amor total por Dios y una sed insaciable de su verdad, la religión tiende a ser, al final, un engaño"*[14].

---

[14] *Contemplative prayer.* New York: Doubleday, 1969, p. 116.

LA ESPIRITUALIDAD EN EL MUNDO CONTEMPORÁNEO

La sociedad se mueve a pasos frenéticos. Hay un cansancio generalizado que se refleja en la desilusión y el letargo frente a la vida, las relaciones interpersonales y el compromiso ético. Estamos insertos en un mundo ajetreado y saturado de sí mismo, de los unilateralismos ideológicos, de los discursos falaces, de las polarizaciones exasperadas. En efecto, los delirios de omnipotencia del hombre, los avances tecnológicos, la rapidez de los medios de locomoción, la facilidad de las comunicaciones, la sofisticación de la industria estética, el frenesí del divertimento, la compulsión del consumo y del placer, la búsqueda de la comodidad a cualquier precio, el imperio de la auto-referencialidad...; nada de eso ha logrado disimular el tedio existencial y el vacío espiritual que afectan a un expresivo número de personas de distintas edades y procedencias. No son pocos los que demuestran que el horizonte de la esperanza se ha ensombrecido ante sus ojos, la convivencia se les vuelve cada día más intragable y los valores más nobles ya no les encantan ni movilizan. La ausencia de ideales, el eclipse de la religión, la crisis moral, el descrédito de las instituciones, el debilitamiento de la razón, el empobrecimiento del sentido de humanidad, el utilitarismo tecnológico y el descuido del ambiente vital se sitúan en el fondo de los fenómenos que caracterizan esta "sociedad del cansancio"[1].

A nadie se le escapa que cada época posee patologías que le caracterizan, que funcionan como indicadores de realidades que exceden los diagnósticos, poniendo al descubierto los puntos débiles de una sociedad y que a menudo no queremos ver y asumir. Y todo ello se revela en comportamientos, tendencias, compulsiones y dolores.

Los expertos consideran sintomático el hecho de que la humanidad de hoy se presente marcada o incluso agotada por distintos disturbios psíquicos y neuronales, desvíos de personalidad, debilidades emocionales, descompensaciones afectivas, bipolaridades, fijaciones, hiperactividad, etc. Detrás de todo ello, se hallan existencias vulnerables, fragmentadas, desintegradas, lánguidas, aunque aparezcan enmascaradas por los disfraces de los ansiolíticos, por el exceso de informaciones y novedades, por el mito de la eterna juventud y del cuerpo perfecto o por una agitación febril sin por qué ni para qué[2].

---

[1] Cf. HAN, Byung-Chul. *Sociedade do cansaço*. Petrópolis: Vozes, 2015, pp. 7-30.

[2] Cf. TOLENTINO MENDONÇA, José. *La mistica dell'istante*: tempo e promessa. Milano: Vita e pensiero, 2015, pp. 18-21.

Esta es, pues, la sociedad enfermiza y polarizada en que nos toca vivir, una sociedad desequilibrada y fracturada por individualismos e indiferencias, falsedades y frialdades, desigualdades e injusticias, hostilidades y violencias, permisividades y rigorismos, fundamentalismos y terrorismos, hasta el punto de multiplicar trastornos y síndromes, trivializar lo inaceptable y relativizar la vida en sus variadas etapas y formas.

En el contexto de la dura travesía que nos impuso la pandemia del COVID-19, el Papa Francisco quiso recordar, con una mirada de esperanza, el impacto de la crisis actual en la trayectoria de la humanidad y de cada uno de nosotros:

> *"La tempestad desenmascara nuestra vulnerabilidad y deja al descubierto esas falsas y superfluas seguridades con las que habíamos construido nuestras agendas, nuestros proyectos, rutinas y prioridades. Nos muestra cómo habíamos dejado dormido y abandonado lo que alimenta, sostiene y da fuerza a nuestra vida y a nuestra comunidad. La tempestad pone al descubierto todos los intentos de encajonar y olvidar lo que nutrió el alma de nuestros pueblos; todas esas tentativas de anestesiar con aparentes rutinas 'salvadoras', incapaces de apelar a nuestras raíces y evocar la memoria de nuestros ancianos, privándonos así de la inmunidad necesaria para hacerle frente a la adversidad. Con la tempestad, se cayó el maquillaje de esos estereotipos con los que disfrazábamos nuestros egos siempre pretenciosos de querer aparentar; y dejó al descubierto, una vez más, esa (bendita)*

*pertenencia común de la que no podemos
ni queremos evadirnos; esa pertenencia
de hermanos"*[3].

En medio de la dispersión que distingue este nuestro radical *cambio de época*, se levantan irrefragables los anhelos más profundos del ser humano, siempre sediento de encontrar el sentido que funda e ilumina su andadura, siempre necesitado de recrear las relaciones que le configuran como persona y califican su existencia, siempre irresistiblemente atraído por la verdad, la bondad y la belleza sin las cuales el mundo se convertiría en el más caótico absurdo. Y todo ello encuentra en la espiritualidad un hogar y un aliento, puesto que *"la vida humana termina en una hiperactividad mortal cuando se expulsa de ella todo elemento contemplativo"*[4].

En la *"sociedad del cansancio"*, la vida espiritual se presenta, pues, como el *"séptimo día de la creación"*, invitándonos al reposo contemplativo de quien aprendió a mirar al mundo y a los que lo pueblan con los ojos transfigurados y a descubrir su belleza original como una llamada a colaborar en su continua recreación. *"Sí, todos podemos zafarnos del peso de los días, trascendernos, perforar la cápsula de penumbra y desánimo que se abate sobre la vida, elevarnos y recolocarnos ante la lí-*

---

[3] Mensaje *Urbi et orbi* durante el Momento extraordinario de oración en tiempos de epidemia, Atrio de la Basílica de San Pedro, 27 de marzo de 2020. In: *La vida después de la pandemia*. Vaticano: Liberia Editrice Vaticana, 2020, p. 21.

[4] HAN. *Sociedade do cansaço*, p. 37. Precisamente en este punto, el autor cita este pensamiento de F. Nietzsche: *"Por falta de descanso, nuestra civilización camina hacia una nueva barbarie. En ninguna otra época, los activos, es decir, los inquietos, valieron tanto. Así, pertenece a las correcciones necesarias al carácter de la humanidad el fortalecer, en gran medida, el elemento contemplativo".*

nea límpida del horizonte"[5]. En el marco de la dimensión espiritual de la vida, las crisis y los cambios pueden convertirse en tiempos de siembra paciente y esperanzada que preparan las flores y los frutos que llenarán de sabor y belleza los días venideros.

Antes de discurrir sobre las aportaciones que puede ofrecer la espiritualidad a la búsqueda de sentido, a las relaciones humanas y al empeño ético, se impone una aclaración respecto a la finalidad de la vida espiritual.

Tal finalidad no es otra sino *conducir, por los mares agitados de la historia, la barca de la existencia humana al puerto seguro que es Dios.* En efecto, como ya hemos demostrado, el sentido último del hombre y del mundo es necesariamente *extra mundum.* No podría ser *intra mundum,* pues entonces sería parte del problema y no su solución, necesitando él mismo un sentido. Siendo trascendente a este mundo, tal sentido (meta-sentido o supra-sentido) solo puede ser Dios y nada más[6]. En efecto, a ese sentido sublime y cabal, tiene que reconducirnos sin cesar la espiritualidad. Todos los otros roles que desempeña son secundarios, derivados y subordinados a esta su razón de ser y a este su fin: conducir al misterio insondable de Dios.

Eso es lo que ocurre, por ejemplo, con respecto a los elementos que consideraremos a continuación, por elevados y valiosos que sean: nos referimos precisamente al poderoso influjo que la espiritualidad

---

⁵ TOLENTINO MENDONÇA, José. *El hipopótamo de Dios.* Cuando las preguntas que nos hacemos valen más que las respuestas provisionales que encontramos. Madrid: Narcea, 2019, p. 84. Ver también, del mismo autor: *La mística dell'istante,* pp. 131-132.
⁶ Cf. BOFF. *O livro do sentido II,* pp. 344-345.

ejerce en las relaciones interpersonales y en el actuar humano en la historia[7]. La espiritualidad se nos presenta, pues, como un manantial caudaloso que no se agota en ninguno de sus arroyos, ya sean antropológicos, psicológicos o sociológicos, y cuyo flujo ninguna sed puede contener o disminuir. El manantial de la espiritualidad se mantiene abundante y puro, capaz de inspirarnos e impulsarnos siempre de nuevo, como el río que mata la sed, pero sigue adelante, cantando, según la sugestiva metáfora del poeta Tagore. Valga aquí también la imagen de que se sirve San Efrén (s. IV) para hablar de la Palabra de Dios como fuente inagotable de vida:

"Aquel, pues, que llegue a alcanzar alguna parte del tesoro de esta Palabra no crea que en ella se halla solamente lo que él ha hallado, sino que ha de pensar que, de las muchas cosas que hay en ella, esto es lo único que ha podido alcanzar. Ni por el hecho de que esta sola parte ha podido llegar a ser entendida por él, tenga esta Palabra por pobre y estéril y la desprecie, sino que, considerando que no puede abarcarla toda, dé gracias por la riqueza que encierra. Alégrate por lo que has alcanzado, sin entristecerte por lo que te queda por alcanzar. El sediento se alegra cuando bebe y no se entristece porque no puede agotar la fuente. La fuente ha de

---

[7] Con penetrante lucidez, C. Boff aborda el carácter primordial de la espiritualidad con respecto a sus desdoblamientos: "No que la espiritualidad no sea útil o no sirva realmente para la lucha, pero ella es, por encima de todo, preciosa. Antes de valer para la pastoral, ella vale por sí misma. Es como un anillo de diamante: puede valer como objeto de mercado, pero es, antes y por encima de todo, una joya, hecha para la belleza. Usando otra metáfora, la espiritualidad es como el amor: por cierto, éste es fecundo, pero es, antes y por encima de todo, un autovalor (...). Queda, pues, claro: la espiritualidad puede ser funcional, pero no debe ser funcionalista" (Experiência de Deus e outros escritos de espiritualidade. São Paulo: Paulus, 2017, p. 50).

*vencer tu sed, pero tu sed no ha de vencer la
fuente, porque, si tu sed queda saciada sin que
se agote la fuente, cuando vuelvas a tener
sed podrás de nuevo beber de ella"*[8].

De igual modo, conviene clarificar que la importancia y la necesidad de la espiritualidad no son determinadas en definitiva por las circunstancias que afectan al ser humano en esta o aquella fase de la historia. La espiritualidad tiene valor en sí misma, como desarrollo de la autotrascendencia que se enraíza en la identidad más honda de la persona y la configura de manera decisiva. Por ello, el desprecio o la pérdida de la dimensión espiritual repercute fatalmente en una lamentable reducción del horizonte de la vida y de la autocomprensión del ser humano[9].

Así pues, la espiritualidad no es, en primer lugar, una doctrina que se ha de aceptar, ni un código que se ha de cumplir, ni unas prácticas que se han de desarrollar. Es, más bien, una experiencia vital que abarca todas las dimensiones de la existencia, necesitando ser continuamente interiorizada, pasada por el corazón, impregnada por la fe, para llegar a convertirse en un *factor de equilibrio dinámico* y en un auténtico *estilo de vida*. Es, por lo tanto, una experiencia que ha de ser vivida, ofrecida y comunicada, una *"'peregrinación' por el misterio inescrutable que la vida es"*[10], una peregrinación cuya meta es el misterio por excelencia a quien llamamos Dios.

---

[8] Oficio de Lectura del Domingo VI del Tiempo Ordinario.
[9] Cf. HAN. *Sociedade do cansaço*, p. 44.
[10] COUPEAU DORRONSORO, José Carlos. Religión, fe, teología y espiritualidad. *Estudios Eclesiásticos*, vol. 92, n. 362, p. 376, julio-septiembre 2017.

De hecho, sin referencia a Dios el hombre queda solo y tiene que afrontar todas las realidades de la vida contando únicamente con sus propias fuerzas. Tal mentalidad –la del sofocamiento de la trascendencia y del olvido del Trascedente– fue absorbida por la cultura moderna y se tradujo de modo escandaloso en ideologías revolucionarias que han degenerado en totalitarismos animalescos (sean de derecha o de izquierda). El hombre no puede ser la medida de todo y la respuesta para todas las preguntas como si estuviera aprisionado en la inmanencia de su existir; necesita pues abrirse a un misterio que le abraza y le desborda, dándole la certeza de que no está solo, de que no está fatalmente proyectado hacia la muerte.

La nostalgia de ese misterio inefable, la nostalgia de Dios, hace del hombre un viandante que siempre sale de sí en búsqueda de Alguien capaz de darle el verdadero sentido y así devolverle a sí mismo bajo una nueva luz, la luz del amor que, siendo más grande que su corazón, es capaz de humanizar y plenificar la vida que le fue regalada[11].

---

[11] Cf. FORTE, Bruno. *Vorrei parlarti di Dio*: Una proposta per chi è in ricerca. Brescia: Queriniana, 2021, pp. 91-97.

ESPIRITUALIDAD
Y SENTIDO
DE LA VIDA

En todas las épocas, pero muy particularmente en tiempos de más acentuada crisis, la cuestión del sentido de la vida se impone de manera irremisible. Se trata, pues, de un anhelo profundo del ser humano, una inquietud permanente, un ansia jamás satisfecha, una pregunta decisiva respecto a la existencia en su totalidad y al mundo en general[1]. Ninguna otra cuestión la precede en orden de importancia, urgencia y gravedad. Ante ella no podemos adoptar una actitud de indiferencia o superficialidad, puesto que la orientación de nuestra vida depende de la forma como afrontamos esa cuestión, lo mismo que nuestra conducta, nuestras relaciones y nuestro actuar en la historia. Todo está, en cierto modo, influenciado por la intransferible cues-

---

[1] El estudio más denso y profundo que hemos encontrado sobre la cuestión del sentido es lo que se halla en la obra magistral de C. Boff, ya citada: *O livro do sentido* (São Paulo: Paulus), publicada en dos robustos volúmenes, a la espera del tercero: Volume I (2014): *crise e busca de sentido hoje* (parte crítico-analítica), 574 p. | Volume II (2018): *qual é, afinal, o sentido da vida?* (parte teórico-construtiva), 497 p.

tión del sentido, aunque no podamos darle respuestas cabales y portentosas, puesto que siempre seremos un misterio para nosotros mismos.

Sea cual sea la condición histórica o social en la que uno se encuentre, tendrá siempre sed de sentido. Esta, en efecto, es una forma privilegiada por la cual el ser humano expresa su autotrascendencia, su pulsión para superarse, para ser más. De hecho, el deseo del sentido se halla en la estructura misma del hombre. Tal deseo, por el hecho de ser natural, no se confunde en absoluto con una mera proyección o ilusión. Se trata, más bien, de una finalidad objetiva y real. En otras palabras, el sentido está objetivamente dado aun antes de ser subjetivamente hallado: el sentido verdadero no es inventado, sino descubierto e interiorizado. *"La finalidad última del hombre o el sentido de la vida tiene un aspecto objetivo, que es ineluctable; y tiene un aspecto subjetivo, que es opcional"*[2], por lo que hay que adherirse al sentido verdadero, acogerlo, seguir por él, como el caminante sigue por el sendero.

Aunque el sendero ya esté trazado y orientado hacia la meta (el sentido dado o el aspecto objetivo), el viajero necesita recorrer su camino si quiere llegar a aquel destino (es el sentido acogido o el aspecto subjetivo). Si el caminante no quiere perder el camino y así perderse, es menester que siga consciente y deliberadamente por el sendero hecho. Los dos rostros del sentido, respectivamente objetivo y subjetivo, corresponden, pues, a la doble dimensión del ser humano, que es, a la vez, un ser de naturaleza y un ser de libertad.

---

[2] BOFF. *O livro do sentido II*, p. 58.

En base a eso, la espiritualidad se ve interpelada a señalar caminos capaces de conducir a las personas al sentido fundante y decisivo de la existencia. Como subraya C. A. Bernard, la vida espiritual se presenta como una actividad de la conciencia que intenta discernir el sentido de la vida a través de una percepción de los valores más gratuitos, consistentes y elevados, los valores del espíritu. Esa tensión hacia lo que es superior se encuentra en todas las personas para quienes la realidad más sustancial no es la vida sostenida por el elemento físico o por una causa ideológica, sino por unos valores de libertad interior y de trascendencia.

En el horizonte propiamente religioso, la vida espiritual implica que la persona ha de considerar toda su existencia en relación con un Absoluto que se revela como amor entrañable y en quien el ser humano descubre su unidad, su dignidad y su destino[3].

De hecho, nada que es finito –ya sea físico, emocional o ético– puede satisfacer el deseo infinito de sentido y realizar plenamente al ser humano. Solo el Dios vivo y verdadero, el Infinito real, puede llenar el vacío del hombre. Eso quiere decir que el deseo de sentido pleno es el deseo de Dios, pero expresado de modo limitado y a menudo confuso e inconsciente, por lo que puede presentarse orientado hacia otros objetos. Por el hecho de ser instintivo y universal, ese deseo no es puramente imaginario ni proyectivo, sino que posee una objetividad que se inclina dialécticamente a favor de la realidad de Dios como sentido último de la vida al cual tiende el espíritu humano: *"Hemos sido creados por el Amor primero y para*

---

[3] Cf. BERNARD. *Teología Espiritual*, pp. 29-30.49.

el Amor último. Es, pues, bajo el gran arco de un misterioso designio de amor que el hombre y el mundo cumplen su dramático y al mismo tiempo espléndido destino"[4].

UNA CUESTIÓN ANTROPOLÓGICA

Desde el punto de vista antropológico, la búsqueda de sentido es una cuestión de primera necesidad, que se ramifica en distintos terrenos (historia, ciencia, cultura, fenomenología, religión, etc.), sobrepasándolos a todos para remitirnos a lo que la vida tiene de más esencial y determinante. De hecho, *"el verdadero significado de la vida puede ser captado solo descubriendo la finalidad hacia la cual está orientada"*[5]. A lo largo de la historia, el tema del sentido fue abordado bajo diferentes perspectivas, aunque a veces de modo solamente implícito, porque se solía insertar en el panorama más amplio de la filosofía. Así, en la filosofía clásica griega, prevaleció la perspectiva cosmocéntrica; en la filosofía cristiana, la teocéntrica; y en la filosofía moderna y contemporánea, la antropocéntrica.

En efecto, el filósofo M. Heidegger, máximo exponente del existencialismo y artífice de uno de los más agudos análisis fenomenológicos respecto al hombre, tradujo de esta forma la actualidad del problema antropológico del sentido:

"Ninguna época tuvo nociones tan variadas y numerosas sobre el hombre como la actual.

---

[4] BOFF. *O livro do sentido II*, p. 53.
[5] MONDIN. *O homem, quem é ele?*, p. 61.

© narcea, s. a. de ediciones

*Ninguna época como la nuestra consiguió
presentar su conocimiento sobre el hombre
de modo tan eficaz y fascinante, ni comunicarlo
de modo tan fácil y rápido. Pero también
es verdad que ninguna época supo menos que
la nuestra qué es el hombre y cuál el sentido
de su trayectoria. Jamás el hombre asumió un
aspecto tan problemático como actualmente"*[6].

Queda patente que la reflexión sobre un asunto tan significativo como relevante exige una comprensión más clara y precisa de su significado y de su alcance.

Otro filósofo, el canadiense J. Grondin, distingue cuatro comprensiones del término *sentido*[7]: a) desde el punto de vista semántico, sentido guarda relación con dirección, rumbo, finalidad a la que se orienta la existencia; b) sentido alude al significado, la razón de ser, la inteligibilidad de esa orientación fundamental; c) sentido tiene que ver también con la capacidad de captar y experimentar el valor, la bondad, la verdad, la belleza que conforman y dinamizan la vida; d) finalmente, el concepto de sentido exige una apreciación reflexiva y juiciosa de la motivación central o de la esperanza que empuja la trayectoria humana en el mundo.

Una de las respuestas más recurrentes a la cuestión del sentido, asumida por determinadas vertientes filo-

---

[6] Apud MONDIN. *O homem, quem é ele?*, p. 8.

[7] Cf. GRONDIN, Jean. Hablar del sentido de la vida. *Utopía y Praxis Latinoamericana*, Maracaibo, vol. 17, n. 56, pp. 71-78, enero-marzo 2012. C. Boff coincide con este autor al remarcar que la palabra sentido puede asumir distintas acepciones que dialogan entre sí: *dirección*, orientación o rumbo que se imprime a la existencia; *finalidad*, intención, propósito u objetivo hacia el cual la vida se vuelve; *valor*, entendido como un bien mayor que atrae; *significado*, que da razón (inteligencia) y motivo (voluntad) para vivir y actuar (cf. *O livro do sentido II*, pp. 12-16).

sóficas, es la *inmanentista*. Esta se basa en la afirmación de que el sentido se encuentra dentro de la vida misma, lo porta la propia existencia históricamente situada, ya está dado en las cosas, y al hombre le toca descubrirlo, profundizarlo y disfrutarlo, porque ésta es la pregunta decisiva que sale de su interioridad cuando se confronta con la complejidad de la existencia y sus vicisitudes. En este caso, así como no hay una formulación unívoca para esa pregunta, no hay tampoco una respuesta definitiva que la satisfaga. Lo que sí hay es una permanente aspiración que señala la finalidad pre-sentida del movimiento inherente a la vida[8].

Otra respuesta bastante difundida corresponde al *nihilismo*, muy frecuente entre las minorías secularistas que detienen mayor poder de influencia social. En la cultura contemporánea, se hizo lugar común decir que la modernidad es secularista y contraria a la religión. En efecto, por el hecho de valorar las realidades inmanentes (la razón científica, la libertad humana, la acción política, etc.), la modernidad no tiene que definirse cabalmente como secularista o atea; ni teóricamente, porque no hay oposición entre el inmanente y el trascendente, ni tampoco en la práctica, incluso porque hay modernidades en constante diálogo con la religión. En cambio, no se puede negar que hay un tipo de modernidad cerrada, laicista y nihilista; y ésta, en cierta medida, se hizo hegemónica, dando, muchas veces, la impresión de ser la única.

Aunque se presente en todos los tiempos con distintas formas de expresión, hoy la cuestión del sentido se

---

[8] Cf. GRONDIN. Hablar del sentido de la vida, p. 72-76.

levanta de modo aún más incisivo y pertinente, lo que confirma tanto su imperecedera relevancia como también la insuficiencia de las respuestas dadas en otras épocas y contextos. En nuestros días, se advierte la necesidad de una síntesis integradora que corresponda a la complejidad y la amplitud de la existencia humana y de su finalidad. Estamos, por lo tanto, pisando en un *"terreno difícil y de muchos sudores"*[9], pero irrenunciable, puesto que, si el ser humano no descubre e interioriza el sentido último de su existencia, esta se empobrece, pierde en densidad, valor y belleza, desde las experiencias más ordinarias hasta las más significativas (relaciones, compromisos, decisiones, criterios, etc.). Y a la pérdida del horizonte del sentido le acompaña una especie de decadencia existencial y de entropía ética.

Dicho eso, no hace falta remarcar que la cuestión del sentido tiene mucho que ver con el impulso de trascendencia que es constitutivo de la naturaleza humana y que nos lleva a preguntarnos siempre de nuevo por su principio y finalidad. La trascendencia es la característica fundamental que nos distingue de los otros seres. En efecto, además de poder superar determinismos e influencias que le vienen de fuera, el hombre se trasciende a sí mismo: en todo lo que hace, dice, piensa y desea, él nunca está satisfecho con los fines ya alcanzados. Esa constante tensión del hombre, ese su estar continuamente más allá de sí mismo, nos dice la verdad de su ser profundo proyectado hacia el infinito[10].

---

[9] «Terra difficultatis et sudoris nimii» (*Confesiones* X, 16, 25).
[10] Cf. MONDIN. *O homem, quem é ele?*, pp. 257-258.

Al reflexionar sobre el hombre como *oyente del mensaje* que resuena en su profundidad ontológica, K. Rahner lo describe como un *ser radicalmente abierto*, que jamás se cierra sobre sí mismo. Esta apertura que llamamos *autotrascendencia* le proyecta siempre hacia delante[11]. Sin embargo, este adelante no es el vacío (Heidegger), ni mucho menos un futuro ilusorio (Marcuse y Bloch). Como hemos visto, el movimiento de la autotrascendencia tiene una meta: él desemboca en el Absoluto, en el único misterio que realiza y plenifica al ser humano, que le comunica vitalidad y fuerza. Incluso desde el punto de vista racional, el sentido por excelencia posee carácter trascendental. El sentido del mundo, por exigencia lógica, no pertenece al propio mundo. Se trata, más bien, de un *metasentido*, al que, en lenguaje religioso, llamamos Dios. Dios es el *alfa* y el *omega* del universo, la fuente y el término de todo lo que existe.

Solo Dios da sentido último y resolutivo a la vida. Y, sin el sentido absoluto, los sentidos relativos de lo cotidiano (trabajo, convivencia familiar, amistades, etc.) y los sentidos incondicionales de la ética (integridad, generosidad, justicia, compasión, etc.) pierden gradualmente su estabilidad y dinamismo, dando lugar, entonces, al advenimiento del nihilismo.

Por lo tanto, la refutación y la superación del nihilismo depende del reencuentro con la dimensión trascendental o espiritual de la existencia, o sea, de la aceptación convencida de la verdad de Dios como principio y fundamento, origen y destino de todo.

---

[11] Cf. *Curso fundamental sobre la fe*, pp. 42-64.

Compete a la experiencia espiritual o religiosa custodiar la fuente del sentido y conducir a las personas hacia ella. Si la fuente se seca (sentido último), se secan también los arroyos de los sentidos menores que de ella se desprenden. Frente a ello, se abren dos posibilidades ante nosotros: una *vida sin sentido*, la nada de la que hemos venido y a la que volveremos, o sea, el nihilismo, por detrás del cual se encuentra el ateísmo; y una *vida con sentido*, con el Sentido que es Dios mismo, como autor y consumador de la vida que hemos recibido de sus manos. ¡Cuanto más Dios, más sentido! Por lo tanto, solo una espiritualidad interiorizada y vivida puede regalarnos aquella experiencia de Dios que señala el sentido pleno y ulterior de la existencia, confiriendo finalidad, significado y dirección a todas las dimensiones de la vida[12].

Bajo esa óptica, la vida espiritual se presenta como el *"puente de seda"* por el que caminamos hacia la orilla donde se nos revelará el sentido cabal de todo lo que somos. Es lo que recoge el nobel de literatura Czeslaw Milosz (1911-2004), hombre dotado de fuerte inquietud espiritual, en su poesía *Sobre la Plegaria*:

"Me preguntas cómo rezar a alguien que no existe.
Sólo sé que la plegaria levanta un puente de seda
por el cual avanzamos como en un trampolín
hasta alzar el vuelo por encima de los paisajes de oro profundo,
cambiados por el mágico síncope del sol.
Este puente va hacia la orilla del Reverso,
donde el otro lado de las cosas revela un sentido
apenas sospechado de las palabras 'esto es'.

---

[12] Cf. BOFF. *O Livro do Sentido I*, pp. 567-569.

Mira, estoy diciendo: nosotros, cada uno en su singularidad,
siente allí la compasión por los que siguen presos en el cuerpo,
y sabe que, si incluso no existiese la otra orilla,
igual tendrían que entrar en el puente tendido sobre la tierra"[13].

INTERPELACIONES A LA CUESTIÓN DEL SENTIDO

La difundida *"muerte de Dios"* condujo a muchas personas a la *"muerte del sentido"*, primero al apagamiento del sentido trascendente y último, luego al de los sentidos inmanentes y penúltimos. En efecto, vivir como si Dios no existiera equivale a vivir sin sentido, así como construir un mundo sin referencia a Dios es una propuesta aberrante. Ahora bien, el ateísmo y el nihilismo no se presentan como fenómenos de masa. Esa sería una interpretación meramente ideológica o incluso una peligrosa proyección. Es cierto que ambos fenómenos existen, pero se circunscriben a minorías laicistas, que absolutizan el proceso de secularización. Por otra parte, la experiencia subjetiva de la *"muerte de Dios"* no lleva a la *"muerte del sentido"* de forma inmediata. Se interpone ahí una transición que corresponde a la absolutización de realidades relativas en substitución del Único Absoluto. Esas realidades corresponden habitualmente a las ideologías, cuya característica dominante es precisamente la ausencia de principios trascendentes.

A modo de lo que serían *religiones-seculares*, las ideologías modernas se configuran como un pseudosentido. Nada revela mejor la precariedad de esa solu-

---

[13] Apud CERVANTES-ORTÍZ. *Lo Sagrado y lo Divino*, p. 36.

ción que el fracaso de las grandes ideologías que rigieron la historia de los dos últimos siglos, ya sea las de derecha, sea las de izquierda, como suelen llamarse.

En la cultura secularizada, el ser humano sigue preguntándose por la cuestión del sentido con un alto grado de angustia, puesto que esa cultura, cerrándose en el inmanentismo, no tiene la posibilidad de ofrecer una solución adecuada al problema, precisamente por su tendencia al nihilismo[14]. De hecho, sin apertura al Trascendente, sin experiencia religiosa o espiritual, no hay experiencia profunda del sentido vital.

Una reciente encuesta realizada por autorizados psicólogos de la Universidad Católica de Valencia con 180 de sus alumnos (138 mujeres y 42 hombres), entre los 18 y los 55 años, ha demostrado que, cuanto más intensa y profunda es la experiencia religiosa, más convincentes y satisfactorias son las respuestas a la cuestión del sentido de la vida, como ya habían constatado estudios anteriores. Explican los investigadores:

"La religiosidad se halla íntimamente vinculada al fenómeno humano de la búsqueda global de significado de la existencia y de un horizonte desde el que orientar la propia vida. La actual psicología positiva no es tampoco ajena a la importancia que la religión tiene en la vida de las personas; así, se afirma que: 1) la religión aporta un sistema de creencias coherente que permite encontrar un sentido a la vida, tener esperanza ante el futuro y afrontar con optimismo las adversidades; 2) la asistencia al culto y el hecho de formar parte de una comunidad

---

[14] Cf. BOFF. *O Livro do Sentido I*, p. 569.

permite contar con apoyo social emocionalmente
significativo y 3) se asocia a un estilo de vida
más saludable, a mayor y mejor cuidado
del cuerpo, de las relaciones interpersonales
y del trabajo (...). La religión, en definitiva,
es una fuente de sentido y de salud"[15].

La referida encuesta se apoya en la distinción entre tres tipos de orientación religiosa: a) la *intrínseca*, es decir, cuando la religión, interiorizada y practicada, ocupa el primer lugar en la escala de valores y se constituye en el motivo fundamental de la vida de una persona, la clave de su existencia, el criterio de su conducta, el eje de sus decisiones; b) la *extrínseca*, o sea, cuando la religión, asumida superficialmente, practicada de forma utilitaria y cumplida selectivamente, no pasa de un medio puesto al servicio de conveniencias e intereses subjetivos (seguridad psicológica, estatus social, autojustificación, etc.); c) la orientación de *búsqueda*, que se define por una adhesión religiosa más flexible y abierta a intercambios, debido a su libertad de pensamiento y acción y, sobre todo, a sus interrogantes con respecto a la globalidad de la vida.

Las tres formas de orientación religiosa presentan distintos niveles de asimilación del sentido de la vida: *la extrínseca* suele hacerlo de modo poco o nada significativo; *la de búsqueda* no llega a un nivel más elevado de madurez y claridad, aunque puede estar en camino; y *la intrínseca* lo hace de manera más auténtica, radical y fructuosa, por lo que se concluye que la

---

[15] GARCÍA-ALANDETE, J.; ROSA MARTÍNEZ, E.; SELLÉS NOHALES, P.; SOUCASE LOZANO, B. Orientación religiosa y sentido de la vida. *Universitas Psychologica*, v. 12, n. 2, p. 364, agosto 2012.

pertinencia de las convicciones religiosas puede convertirse en un vigoroso referente de sentido[16].

SERIEDAD Y ACTUALIDAD DE LA CUESTIÓN

Claro está que, a la cuestión del sentido, no es suficiente contestar de manera superficial, dispersiva y sumaria. Tal cuestión requiere discernimiento profundo, introspección reflexiva, apertura dialógica y argumentación clara. Eso vale también en una cultura como la nuestra: plural, crítica y, en algunos casos, nihilista. En nuestros días, la cuestión del sentido es más sentida que discernida, pensada y argumentada. Se habla mucho del tema, pero hay poca reflexión madura, rigurosa y ordenada sobre él. En general, la literatura le reserva muchas páginas en los libros de autoayuda, dándole un tratamiento vago y, no raramente, limitado al aspecto negativo de la ausencia de sentido. Sin embargo, pase lo que pase, el ser humano no puede vivir sin finalidad, sin razón, sin esperanza.

Detrás de la cuestión del sentido, late no solo una inquietud, sino también un verdadero drama humano, un *pathos* al cual la espiritualidad está llamada a acoger e iluminar, sin dispensar el rigor de la razón y el balance crítico ante las perspectivas de que se reviste la cultura[17]. Se trata de una cuestión existencial, que se sitúa en la raíz misma de la condición humana y hermana a to-

---

[16] Cf. GARCÍA-ALANDETE; ROSA MARTÍNEZ; SELLÉS NOHALES; SOUCASE LOZANO. Orientación religiosa y sentido de la vida, pp. 364-371.

[17] Cf. BOFF. O livro do sentido I, pp. 565-572.

dos los hombres y mujeres. En otros términos, la cuestión del sentido es primordial y universal a la vez, porque tiene que ver con la totalidad de la vida, con su fundamento y destino último. Y, en ese caso, tiene un carácter fundamentalmente teológico. Además, se halla en la base de todas las otras cuestiones que envuelven al ser humano, sus relaciones y acciones, sirviéndoles de punto de convergencia y clave de comprensión.

Las religiones, como mediaciones de acceso a Dios, son las instituciones especializadas en el sentido. Y eso porque, para el hombre de todos los tiempos, Dios es una cuestión insoslayable. Estamos invitados, pues, a dar las razones de nuestra esperanza, o sea, a poner de relieve el fundamento sobre el que se asienta la fe que profesamos. Y eso tiene que ver con el sentido último de la vida (cf. 1Pd 3,15), algo por lo que merece la pena vivir e incluso morir.

De hecho, el sentido, así como nos remite a la plenitud de la vida, también alienta nuestro vivir cotidiano, dando respuestas a las grandes preguntas que inquietan la conciencia humana: ¿quién soy?, ¿de dónde vengo?, ¿a dónde voy? ¿qué voy a hacer con mi vida?, ¿para qué vivir?[18]. Sentido es coherencia y adecuación entre los anhelos más profundos del corazón y un don que le viene de fuera.

En la perspectiva cristiana, no se trata de una idea, de una doctrina o simplemente de una causa, sino de una persona, Cristo Jesús, en quien *"la vida y la muerte adquieren nuevo sentido"*[19]. La revelación de Dios en Jesucristo nos descubre el sentido definitivo de la

---

[18] Cf. GESCHÉ, Adolphe. *El sentido*. Salamanca: Sígueme, 2004, pp. 119-131.
[19] *Gaudium et spes*, n. 22.

existencia, o sea, la verdad más profunda del ser y su destino, respondiendo así a sus aspiraciones más radicales, ya que el corazón humano jamás se sacia con respuestas parciales. El Concilio Vaticano II supo decirlo con maestría y sin rodeos:

"Los desequilibrios que fatigan al mundo moderno están conectados con ese otro desequilibrio fundamental que hunde sus raíces en el corazón humano. Son muchos los elementos que se combaten en el propio interior del hombre. A fuer de criatura, el hombre experimenta múltiples limitaciones; se siente, sin embargo, ilimitado en sus deseos y llamado a una vida superior. Atraído por muchas solicitaciones, tiene que elegir y que renunciar. Más aún, como enfermo y pecador, no raramente hace lo que no quiere y deja de hacer lo que querría llevar a cabo (cf. Rm 7,14s). Por ello siente en sí mismo la división, que tantas y tan graves discordias provoca en la sociedad (…). Cree la Iglesia que Cristo, muerto y resucitado por todos (cf. 2Cor 5,15), da al hombre su luz y su fuerza por el Espíritu Santo a fin de que pueda responder a su máxima vocación (…). Igualmente cree que la clave, el centro y el fin de toda la historia humana se halla en su Señor y Maestro. Afirma además la Iglesia que bajo la superficie de lo cambiante hay muchas cosas permanentes, que tienen su último fundamento en Cristo, quien existe ayer, hoy y para siempre (cf. Hb 13,8)"[20].

Frente a las grandes crisis del momento presente, lo importante es que sepamos detener el ritmo frenético y convulso de la vida ordinaria, de tal modo que nos sintamos interpelados a pasar de una mirada somera a una

---

[20] *Gaudium et spes*, n. 10.

consideración más honda de la existencia, de su orientación, de su valor, de sus relaciones. Tal consideración, a su vez, despertará en nosotros el deseo de *pasar de la dispersión a la profundidad*, en el esfuerzo continuo de reencontrar el *sentido espiritual de la vida* en medio de una cultura líquida y *light* que se aparca en la superficialidad, la provisionalidad y la agitación[21]. Se trata de hacer de la *profundidad* la clave de este proceso. Eso requiere que cimentemos nuestras convicciones, cualifiquemos nuestras vivencias e impulsemos nuestro testimonio.

Hablamos, pues, de la profundidad que se manifiesta en una humanidad madura, en una afectividad equilibrada, en una espiritualidad consistente, en una formación sólida, en una entrega generosa a la misión que se nos ha encomendado, en una convivencia respetuosa, en la compasión y la solidaridad hacia los más necesitados, en el cuidado de la Casa Común.

Y estamos seguros de que las resonancias de ese empeño de auténtica trascendencia se expanden, como en círculos concéntricos, desde la vida de cada persona hasta las estructuras de la sociedad que deseamos construir, sobrepasándolas por su proyección hacia el Infinito real que es la cumbre y el sentido de la existencia y de la historia.

---

[21] En la inauguración del curso 2011-2012 de la Universidad de Deusto, así se expresó el recién-fallecido P. Adolfo Nicolás (1936-2020), prepósito general de la Compañía de Jesús: *"Hoy la sabiduría no es moneda común en nuestros mercados. En realidad, no lo ha sido nunca. Por primera vez tenemos más información que capacidad para digerirla y procesarla. Lo que se vende no es sabiduría sino superficialidad: soluciones inmediatas, explicaciones prefabricadas, culturas de usar y tirar, gracia barata (...) A pesar de ello, el ser humano tiende incansablemente al ideal de la sabiduría"* (Citado en la Revista anual de la Universidad de Deusto: *Deusto,* n. 143, 2020, p. 47).

ESPIRITUALIDAD
Y RELACIONES
INTERPERSONALES

No hace falta subrayar esta consabida afirmación: todo ser humano está llamado a ser *persona*. Y, para ello, tiene que desarrollar y articular dos precondiciones que configuran la identidad profunda del ser personal: la *interiorización o inmanencia* y la *apertura o trascendencia*[1]. La primera se compone de: *auto-pertenencia o autonomía*, es decir, la persona se posee a sí misma y no puede ser propiedad de otro; *libertad y responsabilidad*, lo que se expresa en la capacidad que tiene la persona de elegir y decidir, asumiendo las consecuencias de sus actos y rechazando toda forma de manipulación; *auto-realización*, o sea, la persona tiene en si misma su propia finalidad, no pudiendo ser instrumentalizada según intereses ajenos. Estos son los aspectos básicos de la dimensión inmanente del ser

---

[1] Para esta caracterización inicial del ser personal, seguimos: GARCÍA RUBIO, Alfonso. *Unidade na pluralidade*: o ser humano à luz da fé e da reflexão cristãs. 2ª ed. São Paulo: Paulus, 2001, pp. 307-317.

personal, que lo hacen reconocido y respetado como insustituible e irrepetible. Desconsiderar o minusvalorar estos componentes redundaría en menoscabo de la dignidad humana, como suele ocurrir cada vez que el hombre se ve esclavizado, manipulado o cosificado, ya sea por sus semejantes sea por ideologías, estructuras o sistemas. Con todo, esta primera dimensión de interiorización, aunque resulte indispensable, no es suficiente. Es necesario dar un paso adelante.

La segunda dimensión es la de la *apertura o trascendencia*[2]. Esta, a su vez, incluye el dinamismo de la *relacionalidad*. De hecho, en el proceso de personalización que le define y realiza, el hombre necesita impulsar y perfeccionar continuamente las relaciones fundamentales que le constituyen. Se trata, más bien, de un conjunto integrado de relaciones que dialogan entre sí:

- La **relación consigo mismo**, por la cual uno se vuelve autoconsciente y se apropia de su verdad, de su historia, de sus límites y de sus posibilidades, manifestándolos en una *opción fundamental* y en las decisiones y elecciones que se despliegan de ella.

- La **relación con los demás**, que reclama y propicia la salida de sí mismo y el ejercicio de actitudes y acciones altamente humanizadoras, tales como el diálogo, la comunión, la compasión, la solidaridad, el perdón, etc., puesto que la libertad, la au-

---

[2] Lo ha recordado, a propósito, K. Rahner: *"En tanto el hombre es el ser al que va inherente esa trascendencia, está confrontado también consigo mismo, tiene en sus propias manos la responsabilidad de sí mismo y así es persona y sujeto. Pues sólo allí donde actúa la plenitud del ser —mostrándose y ocultándose— tiene un ente el lugar y punto de vista desde el cual puede tomarse en sus propias manos y responsabilizarse de sí mismo"* (Curso fundamental sobre la fe, p. 54).

tonomía y la autofinalidad del ser personal se realizan en la apertura y en el encuentro con sus pares, o sea, en la circularidad yo-tú-nosotros.

- La **relación con el mundo**, con el ambiente que circunda al ser humano, que le configura y del que forma parte, la *Casa Común* donde se cobija y se solidariza con los otros seres, el ecosistema sin el cual la humanidad no puede subsistir y cuyo cuidado requiere lucidez y valentía, así como la transformación sostenible que le compete. Aquí entra también la sociedad estructurada en sus aspectos cultural y político, en la que la persona tiene que intervenir con miras a la edificación de una convivencia justa, integradora y pacífica.

- Y, finalmente, la más radical y totalizante de todas, la **relación con el Trascendente**, con el misterio inefable que abarca y empapa todo lo que es la persona en su substrato más profundo, en su libertad más plena y en sus realizaciones más genuinas. La persona se realiza en la relación dialógica con ese Tú divino que le confiere una grandeza sin igual, colma sus anhelos de eternidad y le devuelve a sí misma solicitando su colaboración responsable. Esta es, pues, la relación que sirve de fundamento a todas las demás.

Está claro, pues, lo que afirma García Rubio: *"El sujeto o persona humana, en lo concreto, 'se realiza solo en las relaciones' consigo mismo, con el mundo, con los otros seres personales y, en la dimensión más profunda, con Dios"*[3]. Eso quiere decir que la madurez del ser per-

---

[3] *Unidade na pluralidade*, p. 312. Dirá el autor un poco más adelante: *"Es en la relación donde el ser humano descubre y profundiza la propia identidad"* (p. 316).

sonal exige que las dos dimensiones (*interiorización* y *trascendencia*) interactúen entre sí y crezcan juntas, en un movimiento de integración e inclusión. Es en la apertura a la trascendencia donde se desarrolla la identidad personal y es en la interiorización de la inmanencia donde las relaciones ganan impulso y calidad. Encerrado en su propio interior, sin comunión con los demás, el ser humano se ahoga en su propia finitud.

Volcado solo hacia fuera, sin beber del pozo de su interioridad, el hombre se despersonaliza, se deja determinar acríticamente por las influencias que recibe y, así, sus encuentros se hacen estériles y sus acciones inconsistentes. Como advierte el gran literato brasileño Ariano Suassuna (1927-2014), cuando nos percatamos de nuestra identidad, todo lo que nos viene de fuera, en lugar de ser una influencia que nos aplasta, que nos corrompe, que nos descaracteriza, puede convertirse en una incorporación que nos enriquece y nos edifica.

DESMENUZANDO EL CARÁCTER RELACIONAL DE LA PERSONA

Pocos autores como el filósofo **Emmanuel Mounier** (1905-1950) supieron tematizar con tanta densidad el proceso de personalización del hombre entendido como ser *espiritual, libre, encarnado* y *relacional* a la vez. De hecho, Mounier pasará a la historia como el paladín máximo de la corriente filosófica que recibió el nombre de *personalismo*. Esta recoge la herencia cristiana en cuanto al concepto de persona y lo ensancha con nuevas perspectivas, enfatizando la harmonía entre la unicidad y la relacionalidad en el ser personal como sujeto concreto de su proceso de humanización.

Además de toda la riqueza que aportó al pensamiento occidental, sobre todo en lo que respecta a una antropología social de primer rango, esta corriente se hizo notable por su resistencia clarividente y activa a regímenes totalitarios como el nazismo y el fascismo, lo que acarreó serias restricciones a su mentor.

Declaradamente cristiano, Mounier puso de relieve el benéfico influjo que puede desempeñar la espiritualidad en la maduración y en la mejora de las relaciones que nos constituyen esencialmente y posibilitan nuestro actuar en la historia. De hecho, argumentaba que la escala de valores que orientan nuestras relaciones y rigen nuestra conducta depende intrínsecamente de la existencia de un Dios trascendente y de la relación que entablamos con él[4].

En la concepción del joven filósofo, el permanente y gradual proceso de personalización incluye la circularidad fecunda entre la *vida interior*, donde se concentra el impulso primero hacia la espiritualidad, y la *vida exterior*, tejida por los hilos de las relaciones interpersonales y del compromiso ético-social. Entrelazadas, la interioridad (*sístole*) y la exterioridad (*diástole*) se comunican y se enriquecen, posibilitando, en un mismo movimiento, la compenetración de la propia iden-

---

[4] Ver su obra *L'affrontement chrétien*. Paris: Du Seuil, 1945. En esta obra, Mounier se propone dialogar con F. Nietzsche, dejándose interpelar por su crítica al cristianismo, pero también refutando algunos de sus recios postulados. De igual modo, increpa a los rigorismos o exageraciones que se han difundido entre los cristianos (la *"raison sans douleur"* y la *"facilité sentimentale"*, por ejemplo), con miras a una experiencia religiosa humanamente sana, encarnada en la historia y coherente con sus raíces (ver, particularmente, las pp. 19-45).

tidad y la apertura a los otros y a la realidad: *"Reunirse para encontrarse a sí mismo, luego extenderse para enriquecerse y volver a encontrarse. La vida personal, sístole y diástole, es la búsqueda hasta la muerte de una unidad sentida, deseada y nunca realizada"*[5]. Por ello, arremete el pensador, *"no hay que despreciar tanto la vida exterior: sin ella, la vida interior se volvería insensata, al igual que sin la vida interior, aquella no sería más que un delirio"*[6]. En efecto, dada su constitución ontológica, si el hombre no atiende a su dimensión espiritual o religiosa, termina privándose de un acicate clave para la construcción de su personalidad o bien para su proceso de personalización, lo que incluye primordialmente la relacionalidad como vía de humanización. En realidad, *"la espiritualidad contribuye a formar la unidad de la persona y robustece su vida ética"*[7].

Dado que *"el hombre es, por su íntima naturaleza, un ser social, y no puede vivir ni desplegar sus cualidades, sin relacionarse con los demás"*[8], la vida espiritual –nacida de lo que tenemos de más entrañable y orientada hacia la plena realización de lo que estamos llamados a ser– comprende y potencia la estructura dialogal e interpersonal del hombre, cuyo verdadero ser se realiza en el encuentro con los demás:

"Vivir la vida personal comporta el desarrollo de la verdadera experiencia comunitaria, que no solo no obstaculiza la madurez de la identidad personal, sino que antes la estimula

---

[5] *Le Personnalisme* (1949). 7 ed. Paris: PUF, 1971, p. 54.

[6] MOUNIER. *Le Personnalisme*, p. 56.

[7] BERNARD. *Teología espiritual*, p. 332.

[8] *Gaudium et spes*, n. 12.

y promueve (...). Precisamente porque es
persona, el hombre está llamado a abrirse al
encuentro con otras personas, en las relaciones
familiares, comunitarias y sociopolíticas"[9].

Eso quiere decir que una vida espiritual debidamente cultivada conlleva y articula muchos elementos de orden nítidamente relacional, tales como: la sensibilidad humana, la madurez afectiva, la serenidad de ánimo, el buen humor, el arte del diálogo, el sentido común, la aceptación del otro, la capacidad de convivir, la gestión de los conflictos, el intercambio de experiencias, la disponibilidad y la gratuidad, el rechazo a los extremos del rigorismo y de la relajación, el recurso al compromiso ético, etc.[10] De hecho, hay una íntima conexión entre espiritualidad y relacionalidad, ya que

"uno llega a ser quien es gracias a la red
de relaciones afectivas, personales que mantiene.
Así pues, nos atreveríamos a hablar de una
espiritualidad de lo-que-llegamos-a-ser (...).
La espiritualidad se ocupa de las relaciones
personales que implican un "yo" plural"[11].

LA CULTURA DEL ENCUENTRO

El concepto de persona, tal como se lo concibe aquí, en su carácter netamente relacional, se desarrolló inicialmente en el ambiente cristiano, con sólidas reminiscencias bíblicas, teniendo como paradigma el

---

[9] GARCÍA RUBIO. *Unidade na pluralidade*, p. 314.
[10] Cf. MOUNIER. *L'affrontement chrétien*, pp. 47-83.
[11] COUPEAU DORRONSORO. *Religión, fe, teología y espiritualidad*, p. 374.

mismo Jesucristo, cuya existencia fue vivida en la apertura-disponibilidad hacia el Padre y en el amor-servicio a los hermanos (cf. Jn 10,17), una verdadera *pro-existencia*. De ahí resulta la conciencia de la altísima dignidad conferida a todo ser humano y de su lugar sin paragón en la obra de la creación. Es obvio que, a lo largo de los siglos, esa comprensión de persona evolucionó en múltiples direcciones y no se mantuvo restringida al ámbito específicamente cristiano, recibiendo además otros enfoques y matices[12].

Para los cristianos en particular, la experiencia de la *paternidad de Dios* (cf. Lc 11,2; Jn 20,17) tiene que traducirse en un intenso sentido de *fraternidad universal*. Esa consciencia se muestra especialmente acuciante en una sociedad herida por el individualismo y la indiferencia que solapan las bases de una convivencia armoniosa y de relaciones verdaderamente solidarias.

Frente a un mundo dominado por la lógica del poder, la manipulación de los demás y la búsqueda de posesiones, la espiritualidad tiene que engendrar personas, familias y colectivos que se vuelvan signos de unidad en la diversidad, parábolas de perdón y reconciliación, emblemas de esperanza en un futuro mejor[13]. A ello convoca el Papa Francisco cuando insiste en la *cultura del encuentro*:

> *"El aislamiento y la cerrazón en uno mismo*
> *o en los propios intereses jamás son el camino*
> *para devolver esperanza y obrar una renovación,*
> *sino que es la cercanía, la cultura del encuentro.*

---

[12] Cf. GARCÍA RUBIO. *Unidade na pluralidade*, pp. 304-307.
[13] Cf. DE FIORES. Espiritualidad contemporánea, pp. 636-638.

El aislamiento, no; cercanía, sí. Cultura del enfrentamiento, no; cultura del encuentro, sí"[14].

Es propio de la espiritualidad, desde el encuentro con el Trascendente y bajo su luz, fomentar e incrementar todo aquello que es propiamente humano, dado que la experiencia espiritual no solo supone la naturaleza, sino que también la perfecciona y eleva, añadiéndole nuevos dinamismos de orden sobrenatural[15]. Por todo ello, una espiritualidad que se pretenda significativa y relevante no puede dejar de ofrecer una propuesta para estructurar a la persona y potenciarla. Y eso requiere, como *conditio sine qua non*, la mejora continua de las relaciones humanas, o bien, en términos más contemporáneos, el incentivo de la *cultura del encuentro* sin la cual la persona no puede alcanzar su anhelada realización.

Asimismo, la espiritualidad nos incentiva a construir una sociedad justa y responsable, donde cada ser humano sea respetado en su suprema dignidad y tenga la real posibilidad de desarrollarse como persona y así realizarse verdaderamente. En efecto, *"el hombre solo puede realizarse como ser personal en la historia concreta con sus estructuras familiares, económicas, sociales, políticas, religiosas, etc."*[16]. Si estas oprimen,

---

[14] *Fratelli tutti.* Carta encíclica sobre la fraternidad y la amistad social (4 de octubre de 2020), n. 30.

[15] Cf. BERNARD. *Teología Espiritual*, pp. 319-336. Escribe, a propósito, el autor: *"En la medida en que pueda constatarse que la vida espiritual lleva al crecimiento de la persona en todas sus dimensiones, podrá hablarse de humanismo auténtico"* (p. 327).

[16] GARCÍA RUBIO. *Unidade na pluralidade*, p. 314. *"La defensa de la dignidad de la persona humana comporta el compromiso, en lo interior de las tensiones y conflictos propios a cada situación, contra la injusticia, la opresión, la miseria, etc., que impiden los seres humanos concretos de desarrollar su riqueza personal"* (p. 316).

masifican y despersonalizan, no podemos quedarnos indiferentes, ni limitarnos a principios etéreos y a retóricas vacías. Hay que pasar a una ética de comunión fundada en la caridad y animada por una vigorosa espiritualidad, como veremos en el próximo apartado.

En la óptica cristiana, el principio fundante y la motivación más potente de ese carácter relacional de la persona es la revelación histórica de Dios en Jesucristo y en el Espíritu como eterna comunión de amor. Al comunicarse así a los seres humanos –como autor de la vida, fuente del amor y dador de la libertad– el Dios Trinitario nos muestra que la existencia personal descubre su significado y realización cuando, debidamente orientada por su sentido trascendente, se traduce en *coexistencia* y *proexistencia*, es decir, en fraternidad y servicio, acogida y entrega, dádiva y responsabilidad.

ESPIRITUALIDAD
Y ÉTICA

Puesto que *"la infinitud en la que se halla enmarcado el hombre penetra también su acción cotidiana"*[1], la vida espiritual conlleva un irrefrenable potencial ético. Eso se debe a su capacidad de influenciar y nortear el actuar humano en la historia, proyectando valores, encauzando principios, suscitando actitudes, despertando compromisos, impulsando acciones. Por una parte, la espiritualidad se presenta como el *fundamento trascendental* que inspira y afianza la ética; por otra, la ética se vuelve la *praxis* que exterioriza y concreta la espiritualidad. En términos más prosaicos, la espiritualidad es el alma de la ética y la ética es el cuerpo de la espiritualidad.

De hecho, una espiritualidad sin ética puede degenerar en intimismo desprovisto de relevancia existencial e histórica, así como una ética sin espiritualidad corre el riesgo de caer en una exterioridad vacía, en una

---

[1] RAHNER. *Curso fundamental sobre la fe*, p. 51.

casuística de deberes y obligaciones, carente de un dinamismo interior que le comunique lucidez y solidez.

La espiritualidad se enraíza de tal modo en nuestro ser y nos afecta tan profundamente que no puede dejar de traducirse en un estilo de vida, en una manera propia de situarse en el mundo, de establecer relaciones y de actuar en la historia. Por ese motivo, la ética se presenta como un despliegue de la espiritualidad y uno de los signos más palpables de su hondura y autenticidad. Es de la fuente límpida de la espiritualidad de donde brota el torrente caudaloso de la ética. Por ello, resulta difícil sostener la rectitud moral y el compromiso ético sin un horizonte de sentido trascendente capaz de motivarlo y alentarlo.

De igual modo, no se puede dar un sentido a las pequeñas o grandes opciones de la vida si no se tiene presente el sentido de la vida misma[2]. Y este es el campo de la espiritualidad.

De cualquier forma, espiritualidad y ética no se confunden, conservando cada una su irreductibilidad. Es más, tanto una como la otra tienen valor en sí mismas y finalidades que se distinguen, aunque sean convergentes. Por el hecho mismo de preservar sus respectivos espacios de autonomía, una puede cuestionar, enriquecer y alentar a la otra. *"La religión y la moral son dos dimensiones autónomas, es decir, no se justifican la una por la otra, sino que tienen consistencia propia; sin embargo, pueden mantener una relación fecunda entre ellas"*[3]. Hay que

---

[2] Cf. FORTE. *Vorrei parlarti di Dio*, pp. 99-100.

[3] VIDAL, Marciano. *Moral y espiritualidad: de la separación a la convergencia.* Madrid: Perpetuo Socorro, 1997, pp. 52-53. El autorizado teólogo moralista concentra su reflexión en el ámbito propiamente cristiano-católico. Aquí, intentamos ensanchar el horizonte para una perspectiva antropológica más general.

identificar, por consiguiente, los cauces más adecuados para integrar la experiencia espiritual y el compromiso intramundano, dotando la vivencia religiosa de mayor incidencia y relevancia en la vida cotidiana y en sus interacciones.

Urge, pues, superar la dicotomía espiritualidad-ética y descubrir que ambas se necesitan mutuamente. Contraponerlas significa debilitarlas. Espiritualidad y ética abrazan la vida humana en su totalidad; son dimensiones de una misma antropología que considera al ser humano en su movimiento trascendental. Dios *"es el fundamento común tanto de la moralidad trascendental como de la vida espiritual, así también todo acto del conocimiento espiritual supone una determinación libre y encierra, por tanto, un aspecto ético"*[4]. En cierta medida, la ética es el camino por el cual el ser humano se orienta progresivamente hacia la plenitud de vida a la que le mueve la espiritualidad.

En efecto, las experiencias legítimamente humanas pueden dar lugar a experiencias de sentido que propicien el punto de arranque de la vida espiritual: la búsqueda de la verdad, la contemplación de la belleza, las relaciones interpersonales, la práctica de las virtudes, el ejercicio de la caridad en toda su riqueza y extensión, etc. Y el empeño ético figura en la primera línea de esas experiencias fundamentales, ya que,

> *"cuando la persona llega al fondo del compromiso moral –tanto en su vertiente subjetiva de responsabilidad como en su dimensión objetiva*

---

[4] BERNARD. *Teología Espiritual*, p. 77.

de exigencia axiológica– puede tener la oportunidad
de iniciar un encuentro místico con el Absoluto
de su existencia y de la realidad total"[5].

PREMISAS DE LA RELACIÓN ESPIRITUALIDAD-ÉTICA

Siguiendo la argumentación de M. Vidal, convendría decir que la espiritualidad y la ética son manifestaciones diversas de una misma experiencia vital e integradora. En este sentido, defiende el autor, es importante considerar algunas premisas[6]:

- Entre espiritualidad y ética, hay una *identidad sustancial,* en cuanto que las dos brotan, realizan y convergen hacia la vida teologal, o sea, la vida dinamizada por el impulso de trascendencia o, más bien, por la experiencia del Misterio, cuyas luces se difunden en la opción fundamental, en las actitudes básicas y en los actos concretos que configuran la existencia de una persona. Así, partiendo de una fuente común, *"la espiritualidad se hace compromiso ético y la moral se nutre de la experiencia espiritual"[7].* Y no puede ser diferente, ya que la espiritualidad no es otra cosa que el desdoblamiento, en el tiempo biográfico e histórico, del Misterio que envuelve y orienta la vida.

- Dentro de esa misma *identidad sustancial,* espiritualidad y ética son *realidades autónomas.* De hecho, la peculiaridad de cada una no puede ser su-

---

[5] VIDAL. *Moral y espiritualidad,* p. 53.
[6] Cf. VIDAL. *Moral y espiritualidad,* pp. 9-54.
[7] *Moral y espiritualidad,* p. 13.

primida por la articulación entre ambas. Aunque estén íntimamente conectadas, espiritualidad y ética no se confunden ni se solapan. Cada una posee unos contenidos y mecanismos que le identifican. La espiritualidad se sitúa preferentemente en la *verticalidad*, expresa la *dimensión trascendental* de la existencia y su camino es el de la *interioridad*. La ética, a su vez, se ubica en el ámbito de la *horizontalidad*, se fija en la *dimensión inmanente* y su camino es la *exterioridad*. No se trata de una separación rígida de campos exclusivos de desarrollo, dirección y actuación, sino que se trata tan solo de énfasis o acentuaciones, lo que hace más comprensible y aplicable lo característico de una o de otra, así como fomenta la interacción entre las dos.

Espiritualidad y ética comparten una *cosmovisión* (horizonte de sentido, motivaciones de fondo, sensibilidades básicas, direcciones de valor), pero cada una plantea como propios los elementos categoriales referidos a las *opciones concretas y plurales*.

• *La espiritualidad redimensiona la ética*, es decir, el compromiso histórico encuentra en la experiencia espiritual una base de principios y valores que ensanchan su horizonte, incentivan su evolución, corrigen sus procedimientos, cualifican sus iniciativas y perfeccionan sus esfuerzos. Así, la persona se ve robustecida y alentada en lo que tiene de más noble, en sus virtualidades más humanizadoras. La espiritualidad contribuye para que la ética no se aparque en los mínimos requeridos y no se cierre en el legalismo, sobre todo cuando se trata del empeño por la verdad, el bien, la justicia y la paz.

Al fin y al cabo, se constata que la experiencia religiosa tiene la virtud de hacer fluir el caudal espiritual que es connatural a la misma ética, poniéndola en un dinamismo de crecimiento constante, desobstruyendo los canales de la genuina libertad humana y descubriéndole nuevas dimensiones y sensibilidades, como la compasión, la solidaridad, la gratuidad, la comunión, la conversión, el perdón, etc. Privado de su dimensión trascendental, el ideal ético solo puede conferir un sentido inmanente a la existencia humana. De hecho, la ética señala el sentido, pero no lo alcanza por si sola. Por ello, aunque sea indispensable, la ética no es suficiente para la realización plena del ser humano. Éste, efectivamente, necesita la experiencia espiritual o religiosa[8].

• *La moral comprueba la espiritualidad.* Sabemos todos que la vida espiritual de ninguna manera se encastilla en la intimidad de la persona que cree. No es, por lo tanto, el mundo abstracto de las ideas o de los sentimientos, sino la realidad global de la existencia y de la historia el lugar donde se ramifica y fructifica la vida espiritual. Sobresalen aquí la base antropológica y el alcance social de una legítima espiritualidad, dado que la experiencia religiosa es difusiva, o sea, tiende a expresarse en palabras y concretarse en obras. A eso llamamos también *testimonio*, entendido como una irradiación de la experiencia interiorizada y vivida. La ética es el campo privilegiado de expresión y

---

[8] Cf. BOFF. *O livro do sentido II*, pp. 160-162. 177-178.

concreción del dinamismo interior de la espiritualidad. Por la vía de la ética, la espiritualidad se convierte en un estilo de vida, en un modo de situarse en el mundo y colaborar con la construcción de la historia. Y es de ese modo que se efectúa la progresiva realización de la existencia orientada hacia su sentido último, mediante un actuar iluminado y balizado por una permanente referencia al absoluto a quien llamamos Dios.

En otros términos, los discernimientos, decisiones y elecciones que constituyen la opción fundamental de una persona ponen de manifiesto la vitalidad y la frescura de su experiencia espiritual, además de recibir de ella su más estimulante aliciente y su principio estructurante. Efectivamente, como advierte M. Vidal, *"es sospechosa una espiritualidad sin incidencia en la realidad histórica y sin compromiso ético. Tal situación es una forma moderna de 'quietismo' o supone la búsqueda autocomplaciente de un 'hedonismo místico'"*[9]. Eso quiere decir que, de la mano de la ética, la espiritualidad se hace capaz de inspirar y ordenar los ejes que definen la conducta de una persona, poniendo en marcha la fuerza de transformación de su experiencia religiosa.

Por todo lo que se ha señalado hasta aquí, se puede constatar que la riqueza se encuentra precisamente en la *mutualidad intrínseca* entre espiritualidad y ética, ya que una reclama la otra, así como la contemplación requiere y conduce a la acción y la acción enriquece y hace fructificar la contemplación; el amor a

---

[9] *Moral y espiritualidad*, p. 34.

Dios incide y desemboca en el amor al prójimo y este traduce y visibiliza la profundidad de aquel.

Todo auténtico discernimiento espiritual tiene que desembocar en una elección que se verifica en decisiones, rupturas o adhesiones; o más aún, es propio de la vida interior exteriorizarse en una praxis de carácter altruista o de compromiso histórico.

No queda lugar a duda de que *"la sensibilidad religiosa del momento actual pide establecer y vivir una correcta articulación entre dimensión vertical y compromiso intramundano"*[10]. Dicho eso, para salvaguardar la armonía y la interpenetración entre espiritualidad y ética, importa evitar toda forma de dualismo que separa e incluso opone lo espiritual y lo corporal (dualismo antropológico), lo humano y lo divino (dualismo teológico), así como las distintas facetas de espiritualismos hedonistas, ascetismos inhumanos, praxismos compulsivos, formalismos fríos, relajaciones disimuladas, perfeccionismos elitistas, rigorismos inmisericordes y laxismos contemporizadores[11]. Todas esas tendencias extremistas contribuyen a la cisión entre espiritualidad y ética.

Paralelamente, no se puede desconsiderar otro dato. Si bien la ética retroalimenta y refuerza la espiritualidad que la informa e instiga, es cierto que ninguna acción o compromiso puede absorberla o dispensarla, lo que derivaría en una concepción fatalmente utilitarista o funcionalista de la vida espiritual. Tal distorsión redundaría, según C. Boff, en una forma de degrada-

---

[10] VIDAL. *Moral y espiritualidad*, p. 40.
[11] Cf. VIDAL. *Moral y espiritualidad*, pp. 34-36.

ción del misterio al nivel de instrumento, ideologizando la espiritualidad hasta el punto de ponerla exclusivamente al servicio de una causa preestablecida[12]. Además, el cultivo de la experiencia espiritual nos previene de considerar la ética como el objetivo final o la expresión cabal de la existencia humana. Lo definitivo en la construcción y realización de la persona, su fundamento y su meta, es el horizonte pleno que se deja entrever y pregustar desde la perspectiva de la espiritualidad, la misma que inicia, orienta y culmina el caminar ético del ser humano: el único absoluto a quien la consciencia religiosa reconoce como el Dios de la vida y del amor.

LA CARIDAD COMO PRINCIPIO UNIFICADOR

El cristianismo descubrió en la caridad la fuente, el punto de encuentro y el empeño común de la espiritualidad y la ética[13]. En el dinamismo abrasador de la caridad, en el amor agradecidamente recibido y gratuitamente recibido y compartido, reside la máxima exigencia del ser y del actuar de los seguidores de Jesucristo, la clave de su discipulado: *"Todos conocerán que sois discípulos míos en una cosa: en que os tenéis amor los unos a los otros"* (Jn 13,35). Sobradamente

---

[12] Cf. *Experiência de Deus e outros escritos de espiritualidade*, pp. 50-51. Un poco más adelante, aclara el autor que *"por tratarse de la realidad última y definitiva, que es el misterio del amor salvador, la espiritualidad vale por sí misma. Ella es libre y gratuita. No puede ser manipulada y puesta al servicio de otro fin"* (p. 63).

[13] Ver, por ejemplo: LABOA, Juan María. *Por sus frutos los conoceréis*: historia de la caridad en la Iglesia. Madrid: San Pablo, 2011. Dice, a propósito, el autor: *"Probablemente, la única identidad de los cristianos es la de la caridad"* (p. 7).

conocido y apreciado es el himno paulino que ensalza a la caridad como el más excelente de los carismas, culminando en estas palabras: *"Ahora subsisten la fe, la esperanza y la caridad, estas tres realidades. Pero la mayor de todas ellas es la caridad"* (1Cor 13,13). En la caridad, que se funda en la fe y que engendra la esperanza, la espiritualidad y la ética cristianas se entrelazan. En ese horizonte, pues, cuanto mayor es la *trascendencia* de una espiritualidad, mayor tiende a ser la *incidencia* de la ética que de ella se deriva[14].

En este sentido, hay que reconocer que la ética cristiana, que nace del encuentro con Dios en la humanidad de Jesucristo, no se confunde con la estricta observancia de una norma exterior, sino que se configura como una correspondencia de amor al Amor, o sea, la ética cristiana brota de la acogida de un don que fructifica en la vida y que configura la vocación fundamental del ser humano: vivir el amor que nos hace verdaderamente libres y felices, mediante las relaciones que nos definen y realizan como personas.

Se trata de acoger la vida de Dios en nosotros y actuar en consecuencia, de modo que el actuar siga el ser (*agere sequitur esse*). Para el cristiano, la ética es la manifestación concreta de la experiencia del Dios-Amor que no cesa de transformar su corazón. Cuanto más nos dejamos amar por Dios, más sentimos la ne-

---

[14] Lo dijo de modo sumamente claro C. Boff, fijándose en el binomio espiritualidad-pastoral: *"De hecho, la fe es siempre fecunda, todo amor mueve, toda vida se expande. Y que no se diga que la espiritualidad es demasiado trascendente para incidir en la inmanencia de la historia, pues, así como el impacto de una cascada es tanto mayor cuanto más alta es su proveniencia, así también una espiritualidad tendrá tanta más eficacia pastoral cuanto más elevada fuere la fuente de donde fluye"* (Experiência de Deus e outros escritos de espiritualidade, p. 64).

cesidad de manifestar ese amor con obras y gestos acordes con su voluntad, traduciéndolo en bondad y compasión, hospitalidad y gratuidad, ternura y vigor, servicio y solidaridad, paciencia y perdón, etc., con una convencida predilección por los que necesitan y sufren más. Esta es, por tanto, una ética del don, un don recibido y compartido, más allá de cualquier norma o prescripción[15]. Se trata, pues, de redescubrir continuamente el paradigma del amor:

> *"A la conciencia de que Dios está más allá de la mirada que captura, de la palabra que nombra, del pensamiento que tematiza (cf. 1Gn 4,12), corresponde la intuición de que en él se manifiesta una apertura que en el Amor muestra lo infinitamente más y lo infinitamente otro de su ser (...). La verdad que el amor proclama no se refiere, de hecho, sólo a la emergencia de un estatuto existencial diferente, sino que concierne a la vocación originaria del hombre en su relación consigo mismo, con los demás, con el ambiente (...). La indicación de amar como Dios conduce al umbral de un amor diferente: amar significa modelar la propia vida en la potencia subversiva de la bondad que se autolimita por el otro, que hace espacio a la diferencia, entregándose y confiándose a la libertad del encuentro en la solidaridad por y con los otros"[16].*

Este es, en definitiva, el sello de la ética cristiana en su esencia más pura: recibir de Dios y aprender de Jesucristo el amor que nos descentra de nosotros mismos y que se expresa en el don total a los otros reconocidos

---

[15] Cf. FORTE. *Vorrei parlarti di Dio*, pp. 98-104.
[16] DOTOLO. *Dio, sorpresa per la storia*, pp. 234-235.

como hermanos (*coexistencia* y *proexistencia*). Por este amor, definido con la palabra *ágape*, según la tradición greco-cristiana, muchos han llegado hasta el gesto supremo del martirio. El significado de ese amor sin medida siempre sorprendente, cautivante y retador lo demuestran los ejemplos y enseñanzas de hombres y mujeres de la más honda envergadura espiritual y moral, que hicieran de la caridad la divisa de sus vidas y la brújula de su actuar, como veremos a continuación.

❦ Lo comenta con palabras lapidarias el inquieto **Agustín de Hipona**, remarcando la primacía del amor como eje orientador de la fe y la esperanza:

> *"Cuando uno pregunta si una persona es buena, no debe preguntar lo que esa persona cree o espera, sino qué es lo que ama. La persona que ama de manera recta, es indudable que cree y espera de manera recta. La persona que no ama, cree en vano, aunque los objetos en que cree sean verdaderos. La persona que no ama, espera en vano, aunque los objetos de su esperanza sean parte real de la verdadera felicidad"*[17].

❦ Lo dijo también **san Máximo** (s. VII), apodado *el Confesor*, poniendo en realce el vínculo entre el amor a Dios y el amor al prójimo, especialmente a los menesterosos, a quienes los cristianos deben dedicar sus desvelos y con quienes están invitados a compartir sus bienes:

> *"La caridad es aquella buena disposición del ánimo que nada antepone al conocimiento de Dios (...). El que ama a Dios ama también*

---

[17] Apud VAN BAVEL, Tarsicius. Amor. In: FITZGERALD, Allan (dir.). *Diccionario de San Agustín: San Agustín a través del tiempo*. Burgos: Monte Carmelo, 2001, p. 42.

inevitablemente al prójimo; y el que tiene este amor verdadero no puede guardar para sí su dinero, sino que lo reparte según Dios a todos los necesitados"[18].

❧ La gran contemplativa que fue **santa Teresa** lo expresó, ya en las *moradas primeras* de su *Castillo Interior* (2,17), concentrando la búsqueda de la perfección en la vivencia del amor indiviso al Señor y a los demás: *"La perfección verdadera es amor de Dios y del prójimo; y mientras con más perfección guardáremos estos dos mandamientos, seremos más perfectas"*[19].

❧ En la cuarta semana de sus *Ejercicios*, en la denominada *contemplación para alcanzar amor*, **san Ignacio** recordó de modo inequívoco en qué consiste la caridad: *"El amor se debe poner más en las obras que en palabras"*[20].

❧ Lo mismo quiso explicitar **san Vicente de Paúl**, con la autoridad de una vida toda enraizada en Dios y totalmente entregada al cuidado espiritual y corporal de los pobres, al destacar la interpenetración entre el amor afectivo y el amor efectivo, como dos desdoblamientos de la caridad:

"Un corazón que ama a Nuestro Señor no puede sufrir su ausencia y tiene que unirse con él por ese amor afectivo, que produce a su vez el amor efectivo. Porque no basta con el primero, hermanas mías; hay que tener los dos. Hay que pasar del amor afectivo al amor efectivo, que consiste en el ejercicio de obras de caridad, en el servicio a

---

[18] Oficio de Lectura del Domingo VII del Tiempo Ordinario.
[19] In: *Obras Completas*. 9 ed. Burgos: Monte Carmelo, 1998, p. 648.
[20] *Ejercicios Espirituales*, n. 230.

los pobres emprendido con alegría, entusiasmo, constancia y amor"[21].

❦ También ha sido grande la aportación de **san Alfonso María de Ligorio** (1696-1787), que encontró en la caridad aprendida de Jesucristo el polo de integración entre la búsqueda de la santidad y el compromiso moral: *"La caridad es la que da unidad y consistencia a todas las virtudes que hacen al hombre perfecto"*[22].

❦ No menos importante será citar el humilde y generoso Cura de Ars, **san Juan María Vianney** (1786-1859), hombre de intensa vida interior y rebosante caridad pastoral: *"El hombre tiene una bella función, la de orar y amar. He ahí la dicha del hombre en la tierra"*[23].

❦ Sería imposible no incluir en este elenco el icono de la caridad cristiana que es **santa Teresa de Calcuta** (1910-1997), en esta su cálida reflexión sobre la gratuidad que es propia del amor:

> *"Darle a alguien todo tu amor nunca es seguro de que te amarán de regreso, pero no esperes que te amen de regreso; solo espera que el amor crezca en el corazón de la otra persona; pero si no crece, sé feliz porque creció en el tuyo.*
> *Hay cosas que te encantaría oír y que nunca escucharás de la persona que te gustaría que te las dijera, pero no seas tan sordo para no oírlas de aquel que las dice desde su corazón"*[24].

---

[21] Conferencia sobre el espíritu de la Compañía, del 9 de febrero de 1653. In: *Obras Completas*. Tomo IX-1: Conferencias a las Hijas de la Caridad. Salamanca: CEME, 1972, p. 534.

[22] Oficio de Lectura de la Memoria de San Alfonso María de Ligorio, obispo y doctor de la Iglesia. 1 de agosto.

[23] Apud MARSAUX, Jacky. *Saint Curé d'Ars (1786-1859)* Paris: Le Figaro, 2017, p. 113.

[24] Cf. COMASTRI, Angelo. *Ho conosciuto uma Santa*: Madre Teresa de Calcutta. Milano: San Paolo, 2017, p. 98.

❧ Concluimos este brevísimo recorrido por algunas de las innumerables figuras emblemáticas de la caridad cristiana con la singular aportación del obispo brasileño **Helder Camara** (1909-1999), místico y pastor de nuestros días, hombre de las largas vigilias nocturnas de oración y de la defensa infatigable de la dignidad humana:

> *"El peligro no es amar demasiado, es amar menos, con restricciones, con estrechez, con egoísmo. De hecho, cuando el amor se ensancha y alcanza las dimensiones divinas, entonces, se ama sin miedo, cumpliendo el mandamiento de Dios"*[25].

A través de los testimonios (vida y palabra) de esos hombres y mujeres de aguda comunión con Dios y magnánima entrega a los demás, trasluce el significado de la caridad como eje de un compromiso ético que saca su vitalidad de una sólida experiencia espiritual[26]. Esta, en efecto, irradia su fecundidad en las obras inspiradas por la fe y el amor. Como nos hizo recordar el Papa Benedicto XVI, al inicio de su pontificado: *"El amor es una luz –en el fondo la única– que ilumina constantemente a un mundo oscuro y nos da la fuerza para vivir y actuar"*[27]. En el principio ético-espiritual de la caridad, reside, pues, el poder humanizador del cristianismo, su capacidad de regenerar la vida humana y de transfor-

---

[25] Circular n. 6,16, de 17 de septiembre de 1964. In: *Obras Completas*. Vol. 1, tomo 2. Recife: CEPE, 2009, p. 24.

[26] Lo defendió también C. A. Bernard, añadiendo al primado de la caridad la vivencia de las virtudes en lo ordinario de la vida. Y comenta: *"No se busca necesariamente la práctica de actos extraordinarios, sino que basta con que la vida ordinaria se haya vivido con constancia y fortaleza"* (*Teología Espiritual*, pp. 330-331).

[27] *Deus caritas est*. Encíclica sobre el amor cristiano (25 de diciembre de 2005), n. 39.

mar la sociedad, aparte de ser también el preámbulo existencial más eficaz para la comunicación de la fe.

Todo eso revela que la espiritualidad empuja a respetar los imperativos éticos de honestidad, justicia, fraternidad, compasión, hospitalidad, etc[28]. Y la razón es que el encuentro con Dios no se reduce a un goce autogratificante sino que conduce al encuentro con el otro. Es decir, la espiritualidad no se agota en vivencias interiores, ni en la profesión de un credo; ella activa en nosotros el amor *afectivo* y *efectivo*, la rectitud de conducta, la misericordia y la solidaridad hacia los más pobres, la lucha por la justicia y la paz, el compartir generoso de los bienes, la humanización de nuestras relaciones, el cuidado de lo creado, etc. Y más, en una sociedad desigual, consumista y excluyente, la espiritualidad reclama signos y gestos desde un proyecto global de transformación de la realidad[29].

> *"La vida espiritual ha de asumir los 'gritos doloridos' de la humanidad doliente, ha de saber traducirlos (o 'digerirlos') en la vibración del misterio, y ha de empeñarse en cambiarlos por himnos de alabanza y de gratitud solidaria. En este dinamismo de 'compasión', de 'interiorización mistérica' y de 'transformación' han de entrar conjuntamente los grupos humanos y la tierra que los alimenta y los cobija.*
> *Una espiritualidad comprometida con la historia humana es, por necesidad, una espiritualidad ecológica también"*[30].

---

[28] De hecho, este desdoblamiento altruista y ético de la experiencia espiritual-religiosa suele ser la principal razón por la que muchos intelectuales ateos reconocen el valor de la religión en la formación de la personalidad y en la estructuración de la sociedad (cf. ECO, Umberto; MARTINI, Carlo Maria. *In cosa crede chi non crede?*. Dialogo epistolare. Milano: Bompiani, 1996, pp. 61-80).

[29] Cf. MAYA. La transmisión de la fe, hoy, pp. 268-270.

[30] VIDAL. *Moral y espiritualidad*, p. 37.

Queda claro, pues, que en la caridad se compaginan perfectamente las dimensiones vertical y horizontal de *una espiritualidad de alcance ético*, puesto que el *hacia Dios* no puede darse sin el *hacia el prójimo*, y el amor al prójimo se cimenta en la experiencia del Dios-Amor. Importa, pues, desarrollar con mayor coherencia el dinamismo ético de la espiritualidad, el cual se irradia en la *praxis del amor*. Por otra parte, *"el compromiso moral profundo, sobre todo cuando se expresa mediante el servicio incondicional al 'otro', conlleva una experiencia de significado totalizador y, consiguientemente, puede constituir el punto de arranque o el ámbito adecuado para la experiencia mística"*[31]. Esta es la experiencia de los que se hicieron *contemplativus in actione*, poniendo de relieve el influjo recíproco entre la vida interior y las obras de la caridad, como hemos visto.

Similar percepción respecto a las exigencias del amor como baliza moral de primera grandeza la encontramos también en autores que se sitúan fuera del ámbito propiamente religioso. El reputado literato **Albert Camus** (1913-1960) es uno de ellos. Cierta vez, llegó al declarar que, si tuviera que escribir un tratado de moral, lo haría en 100 páginas de las cuales 99 quedarían absolutamente en blanco. Y justifica: *"En la última escribiría: Conozco un solo deber: amar"*. En otro lugar, apuntará: *"no ser amado es un infortunio, no saber amar es una tragedia"*[32]. Otro ejemplo es el contenido de una de las más célebres composiciones de la llamada *"poetisa de las Américas"*, **Violeta Parra** (1917-1967), ella que −pese a su tumul-

---

[31] VIDAL. *Moral y espiritualidad*, p. 54.
[32] *La mort heureuse*. Paris: Gallimard, 1971, pp. 201-202.

tuosa existencia, cuyo desenlace será lamentable– no quiso dejar de cantar lo que por cierto intuía en lo más íntimo de sí misma, cada vez que se permitía *"volver a sentir profundo, como un niño frente a Dios"*:

"Lo que puede el sentimiento,
no lo ha podido el saber,
ni el más claro proceder, ni el más ancho pensamiento.
Todo lo cambia el momento,
cual mago condescendiente,
nos aleja dulcemente
de rencores y violencias,
solo el amor con su ciencia nos vuelve tan inocentes.

El amor es torbellino,
de pureza original,
hasta el feroz animal,
susurra su dulce trino,
detiene a los peregrinos,
libera a los prisioneros;
el amor con sus esmeros al viejo lo vuelve niño,
y al malo solo el cariño lo vuelve puro y sincero".

Supuesto, pues, el desarrollo de la dimensión trascendental de la existencia, lo más coherente es que el *actuar de la ética* siga al *ser de la espiritualidad*, de tal modo que la persona viva y actúe de acuerdo con los valores que la dignifican, las convicciones que la animan y la experiencia que la plenifica.

LA FE QUE ENCAUZA Y CORONA LA EXPERIENCIA ESPIRITUAL

Los capítulos precedentes quisieron poner de manifiesto que, desde lo más profundo de su existencia –en aquello que tiene de más sublime o incluso cuando se ve acosado por la experiencia de su propia precariedad– el ser humano busca la perennidad y la plenitud de una vida que todavía no posee. Esa sed insaciable de infinito que arde en el corazón del hombre es el sello que Dios mismo puso en su alma, la semilla de eternidad que germina en lo más íntimo de cada persona.

Así pues, nada finito puede colmar tal ansia de infinito. Eso quiere decir, como ya hemos resaltado, que ninguna realidad intramundana o inmanente tiene la virtud de satisfacer el anhelo de trascendencia que nortea la búsqueda humana de sentido: ni el placer, ni el poder, ni el tener, ni el saber, nada... Todos estos son elementos parciales y pasajeros, por sí mismos insuficientes para responder a los anhelos oceánicos de totalidad que se asoman desde lo más hondo del hombre[1].

---

[1] Cf. BOFF. *O livro do sentido II*, pp. 151-155 y 167-173.

Vale aquí parafrasear la categórica afirmación de Teresa de Ávila: al ser humano, *solo Dios le basta*, nada más. Es cierto que ese Dios no se hace presente en el mundo como un mero fenómeno. Si así fuera, sería objeto de análisis y de ciencia, pero no sería el Dios trascendente, el misterio insondable por antonomasia, la alteridad infinita, el mar sin riberas.

Sin embargo, como profesan los cristianos, se trata también de un Dios personal, que quiso revelarse en la humanidad de Jesucristo (cf. Jn 10,30), un Dios de quien recibimos un amor incomparable por su gratuidad y a quien podemos tributar el amor que él mismo infundió en nosotros, un amor en el cual nuestra existencia descubre su consistencia y su descanso, su puerto y su saciedad, su bondad y su belleza más genuinas. Este, entonces, no es solo un Dios para ser conocido, como defienden los deístas, sino un Dios para ser amado, *con todo el corazón, con toda el alma y con todo el entendimiento*, es decir, con la totalidad de la vida que hemos recibido de sus manos, de tal modo que este amor desagüe en el amor al prójimo, traducido en gestos y obras de compasión y cuidado, en una creciente disposición de darse a sí mismo por el bien de los demás sin nada pedir o esperar a cambio (cf. Mt 22,37-39; Lc 10,25-37).

Así, acogido y ejercitado en obediencia a Dios, el amor se convierte en el más bello y audaz acto de libertad humana.

Al Dios-Amor, solo podemos responder en el horizonte abierto por la fe: "*Por su revelación, 'Dios invisible habla a los hombres como amigos, movido por su gran amor; y mora con ellos para invitarlos a la comunicación consigo y recibirlos en su compañía' (Dei Verbum 2). La respuesta adecuada a esta invitación es la fe"*[2]. Ya Tomás de Aquino había demostrado que el movimiento fundamental del acto de creer –como máxima expresión de la dimensión espiritual del hombre– se orienta hacia Dios mismo y que todo lo demás, o sea, sus formas y fórmulas, debe definirse y adecuarse en base a este fin último: *"El acto de creer no finaliza en el enunciado, sino en su realidad"*[3]. Eso indica que el impulso de la trascendencia se destina a un encuentro de persona a persona, de corazón a corazón y, por tanto, requiere una relación, una adhesión libre, una experiencia de fe.

En este sentido, a la persona de fe no le resulta suficiente el saber y afirmar que Dios existe en la cumbre de su misterio inaccesible. Y eso porque un Dios que existiera permaneciendo distante de nosotros, indiferente con respecto a nuestra vida, no tendría mucho que decirnos o inspirarnos.

La fe cristiana se presenta, por tanto, como una invitación a creer en un Dios que es amor, así como a conocerlo y experimentarlo en el corazón de nuestra vida. Hasta los umbrales de ese misterio nos conduce el impulso de la trascendencia como dimensión constitutiva del ser humano, educándonos y nutriéndonos en nuestra búsqueda inquieta del Absoluto.

Llega, con todo, el momento en el que solo la fe, como gracia y virtud, nos puede conducir en la disposición de acoger la autocomunicación del amor divino y dejarse sorprender por ella para vivir y actuar según el

---

[2] *Catecismo de la Iglesia Católica*, n. 142.
[3] *Summa Theologica* II-II, q. 1, a. 2, ad 2.

don otorgado[4]. Aquí se da la prevalencia de la escucha atenta, del éxodo de sí mismo y de la entrega dócil. Se trata, pues, de escuchar el murmullo de la voz de Dios a través de las mediaciones de la propia interioridad, de las personas y de los acontecimientos, sometiéndolos a la luz de su Palabra revelada con el fin de captar y discernir las llamadas e interpelaciones de aquel que, sin dejar de ser misterio inabarcable, no se cansa de venir a nuestro encuentro y entablar una relación-comunicación con los que ama, como lo demostró de modo insuperable en la encarnación de su Hijo en nuestra humanidad y en el envío del Espíritu Santo (cf. Jn 1,18; 14,26).

Creer es amar sabiéndonos amados por Dios, viviendo con él cada momento, ofreciéndole cada acto y sabiendo que él permanece a nuestro lado en la alegría y en la tristeza, en la salud y en la enfermedad, en el éxito, en el fracaso, en la tranquilidad y en las adversidades. Por ello, quien cree se reconoce envuelto por un amor más fuerte que la muerte y recibe el don de una confianza y una alegría que ayudan a afrontar las pruebas y las oscuridades que la vida puede presentar. Creer es reconocerse acogido por Dios y confiarse a su amor con el mismo abandono con el que un niño descansa en los brazos de su madre (cf. Sl 131,2). Y este amor nos impulsa a amar y a servir a los demás con la potencia del amor acogido desde la fe profesada.

La verdad del amor de Dios como corazón pulsante de una auténtica experiencia de fe lo expresó de manera particularmente impactante el gran místico **Charles de Foucauld** (1858-1916). En sus años juveniles, tras haberse preguntado a sí mismo si la verdad podía ser realmente

---

[4] Cf. FORTE. *Vorrei parlarti di Dio*, pp. 78-84. 129-131.

conocida, pasa a suplicar con insistencia a Dios, en quien decía todavía no creer, que si existía le hiciera conocerlo. En esta búsqueda sincera e inquieta, se deja acompañar de cerca por personas de hondura humana y espiritual, sobre todo por su prima y un sacerdote amigo de su familia. Esa búsqueda se configurará como un *proceso interior de conversión*, que conducirá a Foucauld –lentamente, por caminos inusitados y venciendo obstáculos– hacia una acendrada y apasionada identificación con Jesucristo en su vida silenciosa y laboriosa de Nazaret, así como le hará sentirse un *hermano universal* de los que buscan a Dios.

Más tarde, en una carta que dirigió a uno de sus más íntimos amigos, el 14 de agosto de 1901, podrá rememorar de modo sorprendente el punto álgido de su itinerario de conversión:

> *"Pasé doce años sin negar nada y sin creer nada, desesperando de la verdad, no creyendo en Dios porque ninguna prueba me parecía bastante evidente. Vivía como puede vivirse cuando se ha apagado la última centella de la fe (…). Me encontré con personas muy inteligentes, virtuosas y cristianas. Me dije que quizá esta religión no fuese tan absurda. Al mismo tiempo, me empujaba una gracia interior extremadamente fuerte; empecé a ir a la Iglesia, sin creer, porque solamente allí me encontraba bien, y allí pasaba largas horas repitiendo esta extraña oración: 'Dios mío, si existes, haz que te conozca' (…). En cuanto creí que había un Dios, comprendí que no podía hacer otra cosa más que vivir para él. Mi vocación religiosa data de la misma hora que mi fe: ¡Dios es tan grande! ¡Hay tanta diferencia entre Dios y todo lo demás"*[5].

---
[5] Apud SALDAÑA MOSTAJO, Margarita. *El hermano inacabado: Carlos de Foucauld*. Santander: Sal Terrae, 2022, pp. 40-42. Ver también : LAFON, Michel. *Prier 15 jours avec Charles de Foucauld*. Bruyères-le-Châtel: Nouvelle Cité, 1999, pp. 17-19.

Efectivamente, no hay otra vía de acceso al Trascendente real, al único Absoluto, a la Fuente inagotable del sentido, sino la fe. Y ésta se define esencialmente como la entrega total de sí a Aquél que primero se entregó a nosotros, abriéndonos así el camino a la plena realización de lo que estamos llamados a ser. Es lo que la tradición cristiana denomina *salvación*. *"En esto consiste el amor: no en que nosotros hayamos amado a Dios, sino en que él nos amó"* (1Jn 4,10). Por todo ello, la fe nos hace pasar de la mera apertura estructural de la *trascendencia* a una adhesión consciente y libre al *Trascendente*, a aquel que se autocomunica en la más suprema libertad, al misterio de Dios que se revela por pura benevolencia y que eleva al hombre a su más encumbrada dignidad. K. Rahner lo dijo con meridiana claridad:

> *"Dios se comunica en su realidad más propia, con su luminosidad espiritual, y confiere al hombre como trascendencia la posibilidad de recibir y oír esta autocomunicación y apertura personales y de aceptarlas en la fe, la esperanza y el amor, pero de tal manera que ellas no quedan rebajadas al 'nivel' de la criatura finita como tal, sino que pueden 'llegar' realmente como cabal autoapertura de Dios mismo en el hombre. Pues Dios sustenta por sí mismo –divinizando al hombre– el acto de oír, de aceptar la propia apertura y comunicación. Esta revelación es la propia autodonación personal de Dios en una cercanía absoluta e indulgente, de modo que él no es ni la absoluta lejanía que rechaza, ni el juicio, aunque podría ser ambas cosas, y así Dios en esta cercanía indulgente se entrega como la plenitud interna de la ilimitación trascendental. La pregunta absolutamente ilimitada es llenada y respondida por Dios mismo como respuesta absoluta"*[6].

---

[6] *Curso fundamental sobre la fe*, p. 209.

Supuesta la iniciativa de Dios, en la libertad de su autodonación –pues *nadie puede llegar a conocer a Dios si Dios mismo no lo enseña"*, como afirma San Ireneo de Lyon[7]– la fe acogida, profesada y celebrada orienta y eleva la dimensión espiritual o el impulso de trascendencia que habita la interioridad humana, conduciéndolo a una auténtica experiencia de Dios, a quien el hombre responde con la libertad de su adhesión y la reverencia de su adoración, es decir, con el obsequio pleno de su inteligencia y de su voluntad, con el dinamismo de su razón y de su afecto[8]. En este sentido, la vida espiritual es fundamentalmente *ordo ad Deus*, ordenación (relación, orientación) del ser humano hacia Dios. Es, en realidad, el desarrollo de la disposición natural del hombre a entrar en contacto con el "último porqué" de su existencia.

Al hombre de fe le compete conducir su impulso de trascendencia a la esfera de una experiencia personal de Dios, de un encuentro capaz de transformar, iluminar y plenificar su existencia. De hecho, tal movimiento se inscribe en el núcleo de la psicología humana: la disposición religiosa del hombre se dirige por sí misma hacia Dios y solo desde Dios puede ser comprendida y llevada a efecto. Esa disposición es, pues, el presupuesto natural y el camino para la fe[9]. Así, la tendencia innata al Trascendente se va convirtiendo en fe vivida, presencia contemplada, gracia acogida, encuentro de comunión filial con Dios y

[7] *"Deum scire nemo potest, nisi Deo docente"* (*Adversus Haereses*, IV, 6,4).

[8] En este caso, *"la adherencia significa no solo una actitud racional (creer que), sino una actitud afectiva, que introduce a la persona en un dinamismo (creer en, hacia)"* (COUPEAU. Religión, fe, teología y espiritualidad, p. 378).

[9] cf. STENGER, Hermann. *Fe y madurez personal: reflexiones de psicología religiosa y pastoral.* Salamanca: Sígueme, 1968, pp. 15-19.

llamada a la comunión fraterna con los demás (cf. Mt 23,8-9). Eso quiere decir que el hombre de fe descubre la vida como un don y, al mismo tiempo, como una misión que tiene que cumplir, adecuándose siempre más y mejor al fin preexistente para el que fue creado y que está gravado en lo más recóndito de su ser: acoger, vivir, testimoniar y compartir el amor que le viene de Dios[10].

Por lo tanto, queda claro que la espiritualidad no se confunde con pura antropología, ni tampoco se reduce a una ética bien articulada. Se trata de una realidad mucho más profunda, densa y amplia. Como experiencia de fe, el movimiento de la vida espiritual conlleva una permanente salida de sí para lanzarse a la amplitud infinita del misterio de Dios, donde nos encontramos a nosotros mismos y adquirimos una comprensión más profunda del ser humano y del mundo.

Así, vivir la fe como gracia y responsabilidad, como culminación de la espiritualidad, implica reconocer que *Dios es siempre Dios*, una pregunta ilimitada, un horizonte inabarcable, un misterio que nos desborda y ante el cual nos inclinamos admirados, agradecidos y silenciosos (cf. Jb 40,4-5). Por otra parte, este silencio lo rompe la graciosa venida de Dios que sale al encuentro del ser humano, movido por una iniciativa de amor, abriendo el asombro a la confianza y haciendo posible lo que parecía imposible[11]. Es entonces cuando la fe se hace historia común, amistad compartida, intimidad filial, abandono confiado. La fe es, pues, la diadema que ciñe la dimensión espiritual del ser humano.

---

[10] Cf. DE FIORES. Espiritualidad contemporánea, pp. 630-632.
[11] Cf. TOLENTINO. *El hipopótamo de Dios*, pp. 36-37.

LA FE DE LOS CRISTIANOS

Al final de este ensayo, conviene echar un vistazo, a modo de síntesis, a lo que expresa el *Catecismo de la Iglesia Católica* respecto a las siete características de la fe cristiana (nn. 153-165): **A)** Se trata, en primerísimo lugar, de *una gracia*, de un don sobrenatural, de una dádiva recibida de Dios que se reveló en Jesucristo y que, por la fuerza del Espíritu Santo, nos permite reconocerle y adentrar su misterio (cf. Mt 16,17; Gal 1,15). **B)** La fe es también *un acto auténticamente humano*, que implica la libertad y el entendimiento de la persona que deposita en Dios su confianza, se entrega totalmente a él y se adhiere a las verdades por él reveladas, entrando así en comunión con Dios en el amor, a fin de cooperar con sus designios. **C)** La fe, que se fía de la autoridad-fidelidad de Aquél que se revela, *no excluye a la inteligencia*; antes, la supone y la integra, puesto que la revelación se adapta a la estructura del espíritu humano y lo ilumina para hacerlo apto a comprender lo que cree. Y, cuanto más penetrante es el conocimiento, más profunda y encendida de amor es la fe (cf. Ef 1,18). No hay, pues, contradicción entre fe y razón, puesto que el mismo Dios que revela los misterios e infunde la fe otorga al espíritu humano la luz de la inteligencia. **D)** La fe es una entrega voluntaria a Dios, *un acto de libertad*, una respuesta convencida y generosa a la llamada que el Señor nos dirige, sin imponernos nada y sin forzar jamás a nadie. **E)** Así pues, la fe nos abre al don de la *salvación* y de la vida definitiva (cf. Mc 16,16; Jn 3,36; Hb 11,6). **F)** La fe requiere la perseverancia de una conciencia recta y de las obras buenas; para ello, hay que alimentarla con la Palabra de Dios, pedir al Señor que nos la aumente (cf. Mc 9,24; Lc 17,5; 22,32), haciéndola *"actuar por la caridad"* (Gal 5,6), sosteniéndola con la esperanza (cf. Rm 5,13) y enraizándola en la comunión de la Iglesia. **G)** La fe, como el comienzo de la vida eterna, anticipa el gozo y la luz de la visión beatífica (cf. 1Cor 13,12; 1Jn 3,2), pudiendo, sin embargo, ser puesta a prueba por las experiencias del mal y del sufrimiento, de las injusticias y de la muerte; por todo ello, necesitamos volver a los testigos de la fe y avanzar en el camino de la santidad, *"fijos los ojos en Jesús, el que inicia y consuma la fe"* (Hb 12,1-2).

Para los cristianos, Jesucristo es el sentido supremo de la vida, es decir, su persona –en la que lo humano y lo divino están perfectamente armonizados– apunta a la finalidad, da la dirección, constituye la razón de ser y ofrece la motivación que impulsa al ser humano y al mundo[12]. Jesús es, pues, la meta escatológica a la que todo tiende, el resplandor ante el cual cualquier otra luz languidece, la infinita belleza que puede satisfacer totalmente el corazón humano[13]. Al encontrar a Jesucristo y al adherirse a él, el ser humano ve colmadas sus aspiraciones más hondas: descubre lo que siempre buscó y de manera sobreabundante.

En medio de las vicisitudes de la vida, el ser humano se siente a menudo como un exilado en búsqueda de su patria, un navegante que atraviesa los mares agitados de la historia rumbo a un puerto todavía no totalmente vislumbrado, un vigía que anhela la aurora, un ciervo que corre ansioso a la fuente, un mendicante del cielo, un peregrino de la eternidad. Se atribuye a Albert Camus la afirmación de que *"la cuestión más apremiante de nuestro tiempo y de cada hombre es descubrir dónde está su casa"*[14]. De hecho, todos buscan ese hogar de paz y plenitud, aunque no todos lo saben y lo dicen. Y hay incluso los que confunden ese anhelo inmenso de amor con búsquedas mucho más raquíticas.

La fe nos hace reconocer y afirmar que la patria, el puerto, la aurora y la casa por los cuales anhela sin cesar el ser humano es Dios. Y, con la más viva esperan-

---

[12] Cf. BOFF. *O livro do sentido II*, pp. 459-460.
[13] JUAN PABLO II. *Vita Consecrata*. Exhortación Apostólica postsinodal sobre la Vida Consagrada y su misión en la Iglesia y en el mundo (25 de marzo de 1996).
[14] Apud TOLENTINO. *El hipopótamo de Dios*, p. 104.

za, creemos que, un día, saciados y agradecidos, allí, en Dios mismo, *"descansaremos y veremos, veremos y amaremos, amaremos y alabaremos.* He aquí lo que *haremos en el fin sin fin; porque ¿cuál es nuestro fin sino llegar a la posesión del Reino que no tiene fin?"*[15]. Si esta es nuestra esperanza, podemos hacer nuestra desde ahora la entrega sin reserva del mismo Agustín en manos del Dios-Amor:

> *"Te he buscado según mis fuerzas y en la medida que tú me hiciste poder, y anhelé ver con mi inteligencia lo que creía mi fe, y disputé y me afané en demasía. Señor y Dios mío, mi única esperanza, óyeme para que no sucumba al desaliento y deje de buscarte; ansíe siempre tu rostro con ardor. Dame fuerzas para la búsqueda, tú que hiciste te encontrara y me has dado esperanzas de un conocimiento más perfecto. Ante ti está mi firmeza y mi debilidad: sana ésta, conserva aquélla. Ante ti está mi ciencia y mi ignorancia; si me abres, recibe al –que entra; si me cierras el postigo, abre al que llama. Haz que me acuerde de ti, te comprenda y te ame. Acrecienta en mí estos dones hasta mi reforma completa"*[16].

---

[15] SAN AGUSTÍN. *Civitas Dei,* XXII, 30, 5.
[16] *De Trinitate,* libro XV, cap. 28, n. 51.

CONCLUSIÓN

Llegamos al final de nuestro recorrido. En diez capítulos, hemos querido compartir algunos presupuestos de la vida espiritual como dimensión intrínseca del ser humano enraizado en la historia y proyectado hacia lo infinito. Se trata, pues, de una realidad inscrita en lo más recóndito de su identidad como impulso fundamental que orienta la existencia hacia la plenitud a la que todos nos sentimos irresistiblemente atraídos. A eso llamamos *autotrascendencia*, realidad que abraza y empapa todo lo que tenemos de más significativo, alentando y dignificando la trayectoria humana, sus anhelos y búsquedas.

Hemos querido recordar también que la dimensión espiritual no es un movimiento aleatorio y difuso, sin rumbo y sin dirección; eso quiere decir, al revés, que el impulso trascendental que habita la interioridad humana posee una meta, una finalidad, un destino: el absoluto real a quien denominamos Dios. De hecho, como se ha dicho, solo el Infinito puede calmar la sed infinita que palpita en el corazón humano y que apremia nuestro itinerario espiritual a lo largo de toda la existencia. Desde ahí, descubrimos que el Dios de la vida y del amor es Quien, en realidad, sale al paso del hombre sediento como fuente inagotable de vigor y de sentido, como lo demuestran los místicos de todos los tiempos y lugares.

Ni siquiera las más recias y rotundas pretensiones de la secularización pudieron contener el flujo del manantial espiritual que se expresa hoy de muchas e inusitadas formas, poniendo de manifiesto su carácter ontológico, permanente e irrefutable.

En la sociedad contemporánea –tan a menudo fracturada por el cansancio provocado por el individualismo y la indiferencia– la espiritualidad se presenta como un vigoroso acicate capaz de despertar e impulsar al ser humano en su inquieta búsqueda de sentido, contribuyendo decisivamente a equilibrar y cualificar sus relaciones interpersonales y para impregnar de verdad y bondad su actuar en la historia. Por encima de todo, cuando es asimilada y vivida a la luz de la fe, la espiritualidad cumple su papel máximo que es el de sumergir a la persona en la fuente límpida y cristalina del sentido, del amor y de la paz. Y esta fuente es el Dios eterno que se deja encontrar por aquellos que le buscan.

Cada momento histórico tiene sus tinieblas y sus luces. Por nuestra parte, tenemos que abrazar el tiempo y el espacio en el que nos toca vivir y actuar. En todas las etapas de la historia, la espiritualidad se encuentra con inmensos desafíos a los que debe enfrentarse con valentía y responder con sabiduría.

Es, pues, en la vida de cada día donde la fe revela su vitalidad y relevancia, su sentido y su razón de ser. Por ello, no se sustentan espiritualidades evasivas y dualistas, desconectadas de las vicisitudes de la historia. Más que nunca, se requiere una espiritualidad sólidamente enraizada en una profunda experiencia de Dios y, a la vez, traducida en un esperanzado y creativo compromiso ético, así como en un convencido y convincente testimonio de fe y amor.

Y, en ese camino, lo que importa es no desistir jamás de la búsqueda, puesto que solo a los sedientos es dado el gozo de la saciedad:

"Dios está en esta sed que no se conforma con cualquier agua.
Y es que a Dios se le debe encontrar en la sed
si se le quiere encontrar en el agua.
Porque la sed de Dios es,
mucho antes que la sed que nosotros tenemos de Él,
la sed que Él tiene de nosotros.
Sí, Dios se muere de sed por nosotros.
Y es que el amor da sed,
sed de la persona amada.
Él conoce, ama y desea nuestra agua,
y es por eso que su sed nos salva.
Necesitamos personas, como la samaritana,
que nos den las coordenadas de Aquél
que nos puede dar la sed antes de darnos el agua"[1].

---

[1] Marc Vilarassau, SJ.

BIBLIOGRAFÍA

AA.VV. *Nuevo Diccionario de Espiritualidad*. Madrid: Paulinas, 1991.

AA. VV. *Urgencias pastorales de la Familia Vicenciana*. Salamanca: CEME, 2007.

BARBOSA, Marcos. *Poemas do Reino de Deus*. Rio de Janeiro: José Olympio, 1980.

BERGANT, Dianne; KARRIS, Robert (eds.). *Comentário Bíblico*. Volumes 2 y 3. São Paulo: Loyola, 1999.

BERMEJO, Diego (ed.). *¿Dios a la vista?* Madrid: Dykinson, 2013.

BERNARD, Charles André. *Teología Espiritual*: hacia la plenitud de la vida en el Espíritu. Salamanca: Sígueme, 2007.

BOFF, Clodovis. *O livro do sentido*. Volume I: *crise e busca de sentido hoje* (parte crítico-analítica). São Paulo: Paulus, 2014.

— *O livro do sentido*. Volume II: *qual é, afinal, o sentido da vida?* Parte teórico-construtiva. São Paulo: Paulus, 2019.

— *Experiência de Deus e outros escritos de espiritualidade*. São Paulo: Paulus, 2017.

CAMUS, Albert. *La mort heureuse*. Paris: Gallimard, 1971.

— *Catecismo de la Iglesia Católica*. Madrid: Asociación de Editores, 1992.

CERVANTES-ORTÍZ, Leopoldo. *Lo Sagrado y lo Divino: grandes poemas religiosos del siglo XX*. Antología. México: Planeta, 2002.

COMASTRI, Angelo. *Ho conosciuto uma Santa*: Madre Teresa di Calcutta. Milano: San Paolo, 2017.

CONCILIO VATICANO II. *Constituciones, decretos y declaraciones*. Madrid: BAC, 1970.

COUPEAU DORRONSORO, José Carlos. *Religión, fe, teología y espiritualidad*. *Estudios Eclesiásticos*, vol. 92, n. 362, julio-septiembre 2017.

DÍAZ MURUGARREN, José. *La religión y los maestros de la sospecha*. Salamanca: San Esteban, 1989.

DOM HELDER CAMARA. *Obras Completas*. Vol. 1, tomo 2. Recife: CEPE, 2009.

DOTOLO, Carmelo. *Dio, sorpresa per la storia*: per una teologia post-secolare. Brescia: Queriniana, 2020.

ECO, Umberto y MARTINI, Carlo Maria. *In cosa crede chi non crede?*. Dialogo epistolare. Milano: Bompiani, 1996.

FITZGERALD, Allan (dir.). *Diccionario de San Agustín*: San Agustín a través del tiempo. Burgos: Monte Carmelo, 2001.

FORTE, Bruno. *Vorrei parlarti di Dio*: Una proposta per chi è in ricerca. Brescia: Queriniana, 2021.

FRÈRE ROGER. *Choisir d'aimer*. Taizé: Atelier et Presses, 2006.

GARCÍA RUBIO, Alfonso. *Unidade na pluralidade*: o ser humano à luz da fé e da reflexão cristãs. 2ª ed. São Paulo: Paulus, 2001.

GARCÍA-ALANDETE, J.; ROSA MARTÍNEZ, E.; SELLÉS NOHALES, P.; SOUCASE LOZANO, B. Orientación religiosa y sentido de la vida. *Universitas Psychologica*, v. 12, n. 2, ago. 2012.

GESCHÉ, Adolphe. *El sentido*. Salamanca: Sígueme, 2004.

GONZÁLEZ BUELTA, Benjamín. *Salmos para "sentir y gustar internamente"*: una ayuda para la experiencia de los Ejercicios Espirituales. Santander: Sal Terrae, 2007.

GRONDIN, Jean. Hablar del sentido de la vida. *Utopía y praxis latinoamericana*, Maracaibo, vol. 17, n. 56, enero-marzo 2012.

GUGLIELMONI, Luigi; NEGRI, Fausto. *Dio è vicino*. Un mese con John Henry Newman. Meditazioni e preghiere. Ponteranica: Centro Eucaristico, 2001.

HAN, Byung-Chul. *Sociedade do cansaço*. Petrópolis: Vozes, 2015.

KASPER, Walter. *Gesù il Cristo*. Brescia: Queriniana, 1975.
— *I Dios de Jesucristo* (1982). 6ª ed. Salamanca: Sígueme, 2001.
— *L'Assoluto nella storia nell'ultima filosofia di Schelling*. Milano: Jaca Book, 1986.

LABOA, Juan María. *Por sus frutos los conoceréis*: historia de la caridad en la Iglesia. Madrid: San Pablo, 2011.

LACOSTE, Jean-Yves (ed.). *Dicionário Crítico de Teologia*. São Paulo: Paulinas | Loyola, 2004.

LAFON, Michel. *Prier 15 jours avec Charles de Foucauld*. Bruyères-le-Châtel: Nouvelle Cité, 1999.

— *Liturgia de las Horas*. Tomos I, II, III y IV. Madrid: Conferencia Episcopal Española, 1998.

MAC DOWELL, João Augusto. *Secularização*. In: SÍVERES, Luís; NODARI, Paulo César (ed.). *Dicionário de Cultura de Paz*. Vol. 2. Curitiba: CRV, 2021, pp. 447-452.

MARSAUX, Jacky. *Saint Curé d'Ars (1786-1859)*. Paris: Le Figaro, 2017.

MERTON, Thomas. *Contemplative prayer*. New York: Doubleday, 1969.

MONDIN, Battista. *O homem, quem é ele?* Elementos de Antropologia Filosófica. 11ª ed. São Paulo: Paulus, 2003.

MOUNIER, Emmanuel. *L'affrontement chrétien*. Paris: Du Seuil, 1945.

— *Le Personnalisme* (1949). 7 ed. Paris: PUF, 1971.

ORBE, Antonio. *Espiritualidad de San Ireneo*. Madrid: BAC, 2015.

PAPA BENEDICTO XVI. *Deus caritas est*. Encíclica sobre el amor cristiano (25 de diciembre de 2005).

PAPA FRANCISCO. *Fratelli tutti*. Carta encíclica sobre la fraternidad y la amistad social (4 de octubre de 2020).

— *La vida después de la pandemia*. Vaticano: Liberia Editrice Vaticana, 2020.

— *Vultum Dei quaerere*. Constitución Apostólica sobre la vida contemplativa femenina (29 de junio de 2016).

PAPA JUAN PABLO II. *Vita Consecrata*. Exhortación Apostólica postsinodal sobre la Vida Consagrada y su misión en la Iglesia y en el mundo (25 de marzo de 1996).

PRADO, Adélia. *Poesia reunida*. São Paulo: Record, 2015.

RAHNER, Karl. *Curso fundamental sobre la fe*: introducción al concepto de cristianismo. Barcelona: Herder, 1979.

SALDAÑA MOSTAJO, Margarita. *El hermano inacabado*: Carlos de Foucauld. Santander: Sal Terrae, 2022.

SAN AGUSTÍN. *Obras Completas II*. Texto bilingüe. 5 ed. Madrid: BAC, 1968.

SAN ANSELMO. *Obras Completas I*. Madrid: BAC, 1952.

SAN FRANCISCO DE SALES. *Obras selectas II*. Madrid: BAC, 2016.

SAN IGNACIO DE LOYOLA. *Ejercicios Espirituales*. Santander: Sal Terrae, 2017.

SAN VICENTE DE PAÚL. *Obras Completas*. Salamanca: Sígueme, 1974-1982. 12 tomos.

SANTA TERESA DE JESÚS. *Obras Completas*. 9 ed. Burgos: Monte Carmelo, 1998.

STENGER, Hermann. *Fe y madurez personal*: reflexiones de psicología religiosa y pastoral. Salamanca: Sígueme, 1968.

TEILHARD CHARDIN, Pierre. *Le Milieu divin*: essai de vie intérieure. Paris: Seuil, 1957.

TOLENTINO MENDONÇA, José. *La mistica dell'istante*: tempo e promessa. Milano: Vita e Pensiero, 2015.

— *Elogio da sede*. São Paulo: Paulinas, 2018.

— *El hipopótamo de Dios*. Cuando las preguntas que nos hacemos valen más que las respuestas provisionales que encontramos. Madrid: Narcea, 2019.

VIDAL, Marciano. *Moral y espiritualidad*: de la separación a la convergencia. Madrid: Perpetuo Socorro, 1997.

COLECCIÓN "ESPIRITUALIDAD"

Aquí puede consultar la información de todos los títulos publicados en esta Colección